美国陆军装备应急保障法规研究

王小巍／徐建国／刘鹏安 等——编著

时 事 出 版 社
北京

图书在版编目（CIP）数据

美国陆军装备应急保障法规研究/王小巍等编著.—北京：时事出版社，2022.8

ISBN 978-7-5195-0508-0

Ⅰ.①美…　Ⅱ.①王…　Ⅲ.①陆军装备—军需保障—法规—研究—美国　Ⅳ.①E712.516

中国版本图书馆 CIP 数据核字（2022）第 121844 号

出 版 发 行：时事出版社
地　　　址：北京市海淀区彰化路 138 号西荣阁 B 座 G2 层
邮　　　编：100097
发 行 热 线：（010）88869831　88869832
传　　　真：（010）88869875
电 子 邮 箱：shishichubanshe@sina.com
网　　　址：www.shishishe.com
印　　　刷：北京良义印刷科技有限公司

开本：787×1092　1/16　印张：10.75　字数：160 千字
2022 年 8 月第 1 版　2022 年 8 月第 1 次印刷
定价：80.00 元

前　言

装备应急保障是指在遇有战争、恐怖活动、抢险救灾、紧急援外和其他突发事件等紧急情况下，装备保障单位无法通过平时保障满足保障任务的紧急需要时，采取简化、便捷、规范的程序和方式组织实施的装备保障活动。装备应急保障具有目标军事性、需求不确定性、保障超常规性、器材供应复杂性等特点。为了更好地推进装备应急保障发展，美军在新作战概念和战略构想的牵引下，根据国际环境和本国情况制定了一套基本完备的法规体系，使法规成为快速恢复装备战斗力的重要保证。本书从美陆军装备应急保障法规体系的基本概况、层级架构、内容解读，及美陆军装备应急保障的运行机制等方面，对美陆军装备应急保障法规体系进行介绍，为我军装备应急保障法规的建设提供参考和借鉴。

本书包含五章及三个附录，具体内容如下：

第一章介绍美陆军装备应急保障法规体系的基本情况。从相关概念、法规制定机构、法规编制流程、法规主要类型四个层面展开。

第二章介绍美陆军装备应急保障法规体系的层级架构。梳理了美陆军装备应急保障相关的国会制定的军事法律、联邦政府或国防部制定的法规，及陆军制定的法规。

第三章对美陆军装备应急保障法规体系的主要内容进行解读。介绍了力量实体、物流保障、维修保障、军民融合保障等方面的装备应急保障法规。

第四章介绍美陆军装备应急保障的运行机制。选取了应急采办、应急救援、战场损伤评估与修复、装备应急保障培训等主要领域，介绍了美陆军装备应急保障的组织原则、人员职责、操作流程。

第五章对我国装备应急保障法规体系建设提出了参考借鉴建议。分析了美陆军装备应急保障法规体系的主要特点，提出了做好顶层设计、逐层细化编修等意见建议。

附录 A：有关美陆军装备应急保障的美国法律、国防部法规、陆军行政管理出版物及陆军训练和条令出版物。

附录 B：美军战场损伤评估与修复的内容简介。

附录 C：美军应急救援人员工作指南。

本书由陆军工程大学军械士官学校王小巍副教授（第一、三、五章）、徐建国副教授（第二章）、刘鹏安讲师（第四章）编著；谢俊磊、严砚华、雷磊、安海燕参与了附录的编写及全书的制图与校对工作。

尽管本书经过编著者的共同努力，多次修改完善，但由于编写人员的水平有限，谬误和不足之处在所难免，恳请读者批评指正。

编著者

2022 年 3 月

目　录

第一章　美陆军装备应急保障法规体系基本情况

装备应急保障能力是陆军战备能力的重要组成部分，是确保陆军力量敏捷作战的重要支撑。装备应急保障“建在平时，用于紧要”，往往在关键时刻发挥重要作用。不论是战争爆发还是灾难救援行动，地面力量的作用发挥有赖于装备应急保障能力。在多次战争实践和现代技术迅速发展等因素的推动下，美陆军在装备应急保障方面取得诸多进展。为了更好地推进装备应急保障工作，美军在新作战概念和战略构想的牵引下，根据国际环境和本国情况制定了一套基本完备的法规体系，使法规成为快速恢复装备战斗力的重要保证。本章将从美陆军装备应急保障法规体系的相关概念、法规制定机构、编制流程及主要类型入手，对美陆军装备应急保障法规体系进行介绍，为我国装备应急保障法规的建设提供参考和借鉴。

第一节　相关概念

本节介绍装备应急保障及美军法规体系等相关概念，为后续装备应急保障法规体系背景情况进行说明。

一、装备

装备，根据美军《联合出版物 4－0》的定义，指在不区分行政用途和战斗用途情况下，所有配备、作战、维修和保障等军事行动的必需品。《中国人民解放军军语》对“装备”的解释是：“（1）武器装备的简称。（2）向部队或分队配发武器及其他制式军用物件的活动。”对“武器装备”的解释是：“用以实施和保障作战行动的武器、武器系统和军事技术器材的统称。主要指武装力量编制内的武器、弹药、车辆、机械、器材、装具等。”《军事装备学》将“装备”一词界定为：“（1）军事装备的简称。（2）配发军事装备及其他军用物件的活动。”综上所述，“装备”既有名词属性又有动词属性，在本书“装备应急保障”中作名词属性。

与装备密切相关的另一个概念是装备器材。我军的装备器材是指用于装备保障的一切器件和材料，如备件、附品、装具等。从概念上说，与美军的第九类物资对应，即修理用零部件。美军把用于前方替换的部件、组件、模块或零部件都归于第九类补给品。根据使用性质又分为修理用零部件和可修复零部件。本书所指的器材包含这两类。

表1-1　美军物资供应类别

类别	内容
第一类	给养
第二类	服装、装具
第三类	油料
第四类	建筑器材
第五类	弹药
第六类	个人用品
第七类	主要装备
第八类	卫生物资
第九类	修理用零部件
第十类	支援非军事项目的物资

美军物资共分为十类，具体为：

第一类：给养。包括粮秣、免费供应的保健和福利品。

第二类：服装、装具。包括被服、单兵装具、帐篷、成套工具和工具箱、手工工具，以及行政管理和室内设备、用具等。此外，还包括装备定额表中规定的次要装备器材和补给品（不含修理零配件）。

第三类：油料。包括各种散装和桶装燃油、润滑油和洗涤剂、专用油料、固体燃料、煤炭和其他化工产品。

第四类：建筑器材。包括筑城、设障、工程建筑器材。

第五类：弹药。各种弹药（包括化学武器、放射性武器和特种武器弹药）、炸弹、炸药、地雷、引信、雷管、烟火信号弹、导弹、火箭、推进剂及其他有关物品。

第六类：个人用品。非军用销售的个人生活用品。

第七类：主要装备。大型整件装备，由专用部件组装而成的随时可使用的成品，如火炮、坦克、工程修理车、运输车、发射架等。

第八类：卫生物资。医药卫生器材，包括专用修理零配件。

第九类：修理用零部件。包括各种成套元件、部组件，以及装备维修所需的可修和不可修的零配件，不包括卫生器材零配件。

第十类：支援非军事项目的物资。非军事专用物资，第一至第九类所未包含的用于发展农业和经济的物资。

二、装备应急保障

装备应急保障能力通常体现在应对局部战争、突发事件或抢险救灾等特定情况时装备保障机构的快速反应能力和保障时效性上。现代战争爆发突然，作战节奏加快，战场情况变化迅速，作战时间越来越短，因此对装备应急保障提出极高的要求。装备保障机构必须适应信息化条件下局部战争爆发突然、变化迅速的特点，始终保持与作战部队同步反应、同步行动的能力，为夺取战场主动权、赢得战争胜利提供及时可靠的装备保障。为提高装备应急保障能力，装备保障机构应当按应急机动作战部队的行动方案和对装备保障的需求，制定多种应急保障行动方案，组织应急机动保障训练，加强战备值班，做好应急保障各项准备，接到行动命令后，迅速出动执行应急保障任务。

装备应急保障主要包括：应急采办、应急物流、应急救援、战场损伤评估与修复以及装备应急合同商保障。

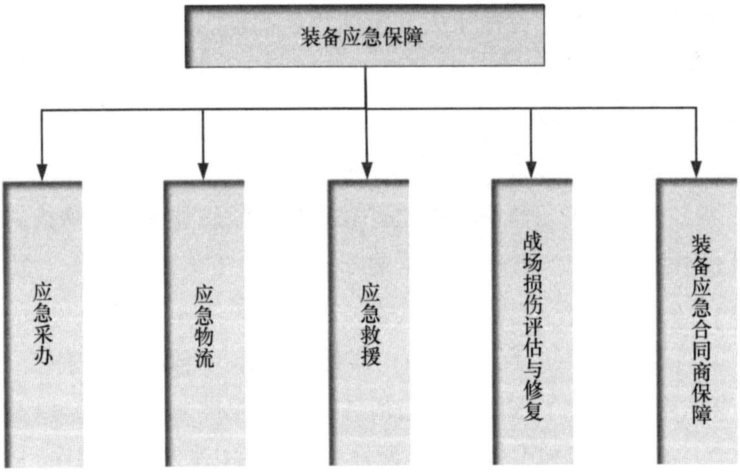

图1－1　装备应急保障主要内容

一是应急采办。装备采办活动是一项复杂的系统工程，贯穿于装备预研、科研、采购、使用、保障和退役处置等装备全寿命周期过程，涉及管理体制、组织机构、运行程序、管理策略、管理方法等内容，具有很强的系统性和专业性。应急采办是指国家在应对紧急状况的准备阶段或在紧急状态期间（包括战争、突发自然灾害以及其他紧急状况），进行的装备采办活动。美国在经历数十年装备采办管理实践中，特别是近年几场局部战争后，在组织机构、法规制度、采办程序、合同商管理等方面积累了大量的经验，建立起了一套应对紧急状况的采办管理制度，已经能较好地满足战争的紧急需要。应急采办由于其“应急”的特点，因此主要适用于金额相对较低的Ⅱ、Ⅲ类武器装备，而金额较高的Ⅰ类大型复杂系统（如航母、飞机、坦克等），通常采用常规的装备采办程序。20 世纪 90 年代以后，美军从实际出发，先后推出了多种应急装备采办程序，如快速反应程序、作战部队快速采办程序、快速装备部队办公室程序、联合快速行动小组采办程序等，较好地满足了历次战争的装备应急保障需求。

二是应急物流。应急物流是现代物流的一种特殊组织方式，它的构成要素是在普通（或常态）物流的基础上形成的，因“紧急需求”或“应急行动”而区别于普通物流。具体而言，应急物流是指为满足应对自然灾害、紧急安全事件、维稳冲突、军事冲突等突发性事件对物资的紧急需求，借助现代信息技术，整合应急物资的筹措、包装、运输、仓储、配送及信息处理等各种功能而形成的特殊物流活动。装备保障应急物流是物流体系中的一种专业化的应急物流，是遂行和完成装备应急保障的一种物流体系和运营模式。其概念要素为：（1）服务保障对象，以装备为主；（2）主要职能任务，完成装备及器材的应急保障；（3）目标价值取向，以应对突发事件、应急行动和多样化军事任务为主要目标；（4）体系层次关系，属于军事应急物流体系，是装备物流专业范畴。

三是应急救援。应急救援是指将那些在作战过程中遭到损伤而不能移动、无法使用或者需要报废的装备撤离当前位置，使其恢复使用性能或者将其移至野战维修保障点进行后续维修。典型的应急救援措施包括：发现、拖拽、举起和吊运等一系列活动。拖拽一般是指将损坏装备移至野战维修保障点或者附近的维修集中点。根据装备陷入程度和损伤情况，抢救通常可以通过以下四种方法完成：自我救援、同类车辆救援、专用车辆救援和应急处置。

四是战场损伤评估与修复。战场损伤评估与修复，是指在战场环境下，通过对部组件采用一系列野战临时性修复措施，使损伤装备快速恢复作战性能的过程。战场损伤评估与修复是使损伤装备恢复到完成作战任务所必需的最基本能力，或使损伤装备能够实现自我救援。战场损伤评估与修复的主要实现方式包括：设置旁路部组件或安全装置、从相似或低优先级装备上拆用部组件、制造修理用零部件、采用临时应急装置、简化标准维修，使用可替代的液体、材料和部组件。通常，根据损伤装备的维修需求和可用的时间条件，将装备修复到能执行全部或者部分任务的状态。装备操作（机组）人员、维修分队或应急救援分队都可以执行战场损伤评估与修复工作。

五是装备应急合同商保障。武器装备是军队战斗力的主要物质基础，近年来，随着科学技术的迅猛发展以及大量尖端技术的广泛应用，各种武器装备的威力得到了极大增强，但同时由于现代武器装备技术含量高、构造复杂，对其保障，尤其是对应急保障提出了更高的要求，也给装备应急保障观念、方式和手段都带来了深刻的影响和变化。美陆军为了解决装备应急保障的难题，采取了利用社会力量进行装备应急保障的做法，有效地弥补了建制装备应急保障力量不足的问题，快速提高了新装备的战斗力和保障力，并在战争实践中取得了显著的军事效益和经济效益。装备应急合同商保障不仅能够提高美军现有的军事能力，扩大美军对补给品和维修服务的选择余地，还能够提供一些美军自身不具备的能力。由合同商提供的装备应急保障，使得美军能够根据作战需求，迅速及时地扩大或压缩可用的保障资源，持续地获得作战所需的保障，同时能够降低保障费用。

三、美军法规体系

美国军方的法规体系不但包含了传统上称作条令条例的规范性文件，也包括具体的技术指导性文件，这些都是美军的“官方”文件，具有一定的约束力，美军给它们起了一个统一的名称“出版物”（Publications）。其中，美国国防部颁布的称为“国防部出版物”、参谋长联席会议颁布的称作“联合出版物”、陆军颁布的称为“陆军出版物”、海军颁布的称为“海军出版物”、空军颁布的称为“空军出版物”等等，以此类推。这里所指的法规体系是指所有涉及装备应急保障内容的法规条令条例集合。

第二节　法规制定机构

本节重点分析美国国会、国防部及陆军部装备应急保障法规的制定机构情况，内容包括法规制定的主体、法规制定的流程等。

一、美国国会

美国国会是美国最高立法机构，由参、众两院组成，议案一般经过提出、委员会审议、全院大会审议等程序，由参、众两院中的一院通过后，送交另一院，依次经过同样的程序。法案经两院通过后交总统签署；若总统不否决，或虽否决但经两院 2/3 议员重新通过，即正式成为法律。其组织机构如图 1－2 所示。

美国宪法规定，参议长由副总统兼任，在其缺席或行使总统职务时，由参议院选出临时议长，或由其指定任何一位参议员主持参议院会议；众议长由全体众议员选举产生。虽然美国宪法未做具体规定，但众议长一般由赢得大选或中期选举的国会政党领袖担任，在每届国会开幕会上由全体众议员选举产生，众议长为众议院领袖，也是多数党领袖，对外代表国会。

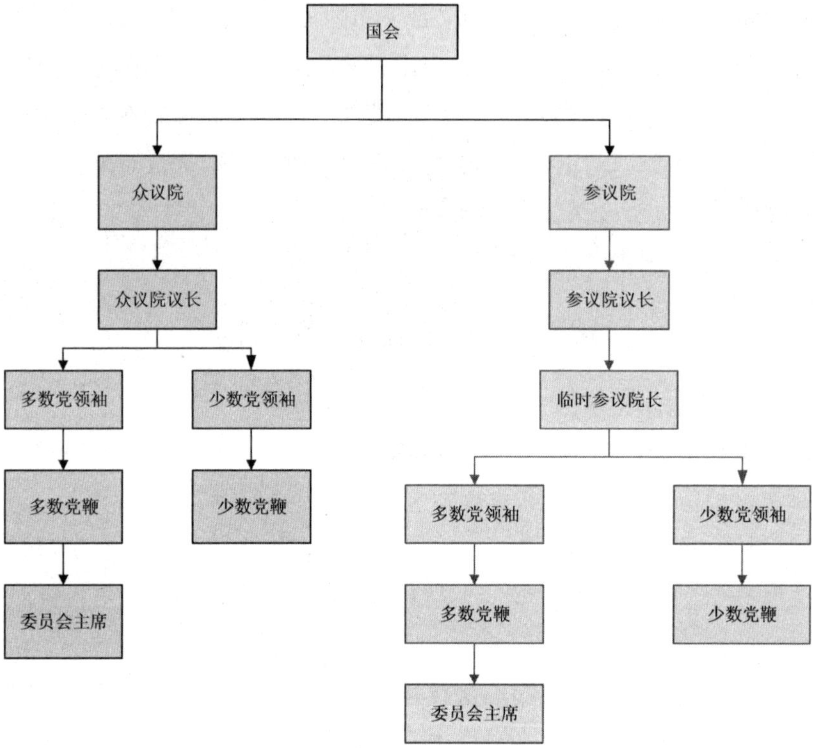

图 1－2　美国国会组织机构示意图

二、国防部机构

美军把装备应急保障作为一项指挥职能，有很强的组织机构做保证。将装备应急保障工作纳入装备采办体系中，实行国防部集中统一领导，国防部各业务局和三军的管理体制。

其中，在国防部层面，由负责采办、技术与后勤的国防部副部长分管，由其下属负责后勤与装备战备完好性的国防部助理部长主管。装备维修保障相关法规的管理部门是由负责维修政策与计划的国防部助理部长帮办负责。该助理部长帮办负责装备维修政策制定

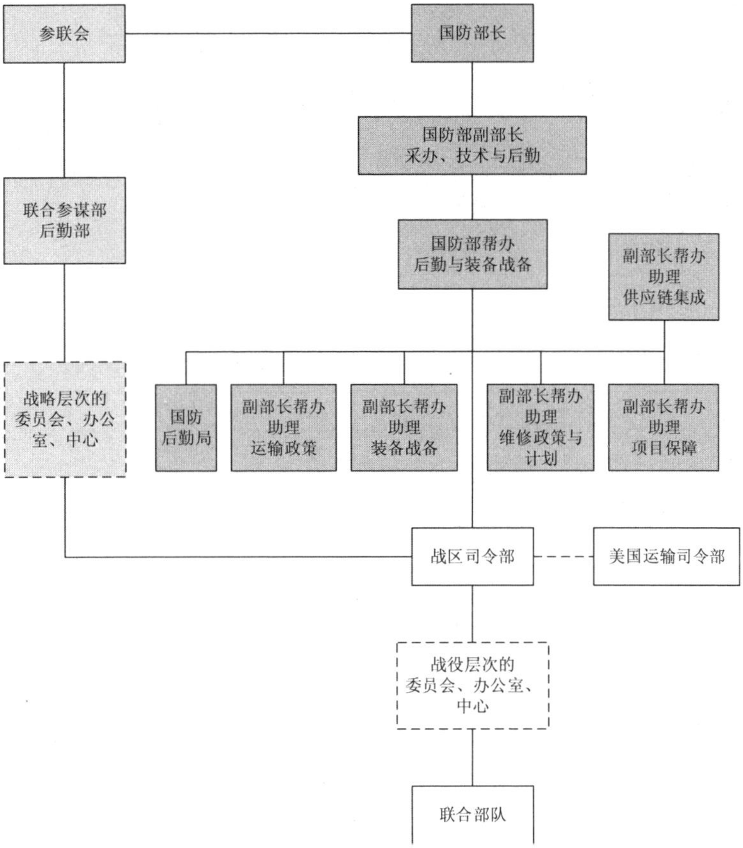

图1－3　美军装备采办领导体系

与计划拟制。具体包括：担任主要武器系统与军事设备维修保障政策与程序的首席顾问。而帮办的执行主体，是维修执行指导委员会、基地级维修联合小组、联合技术交换小组，以及软件持续保障企业工作小组。

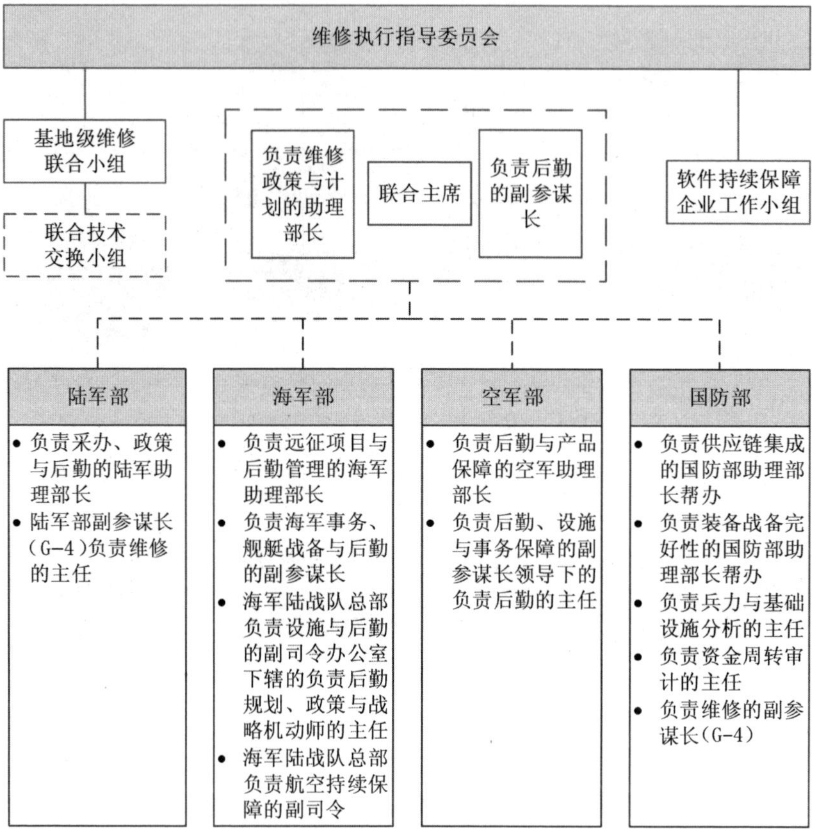

图 1-4　美军维修执行指导委员会关系图

三、陆军机构

陆军装备保障技术文件出版物一般由相关业务主管机关牵头负责，比如 AR 700 系列（后勤）相关的条令由陆军部负责后勤的副参谋长办公室（G-4）牵头负责；陆军训练和条令出版物一般由陆军训练和条令司令部牵头负责；陆军工程技术出版物由陆军装备部后勤局牵头负责。以上涵盖了绝大部分的情况，少数条令由具体负责该项工作的部门牵头，涉及不同军兵种的则由不同军兵种相关部门联合发布。

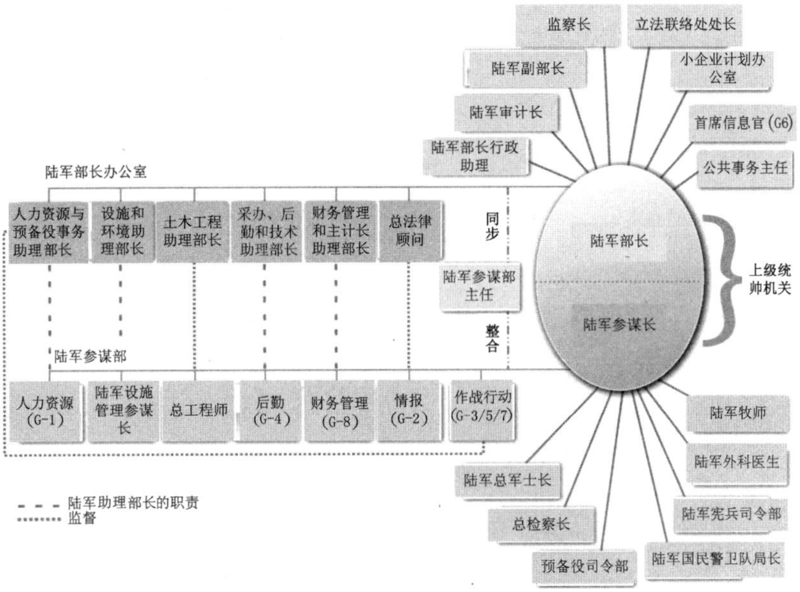

图1－5　美陆军指挥机构图

第三节　法规编制流程

美陆军装备应急保障法规的编制程序，是保证美军装备应急保障技术文件权威性、适用性、科学性的重要手段，高标准的装备应急保障法规离不开科学合理的编制标准和规范顺畅的编制程序。美陆军各个领导管理层次均根据需要编制其职责范围内的装备应急保障法规文件，其编制流程主要分为五个阶段：提出议案、申请立项、编制初稿、批准颁发和评估审查。

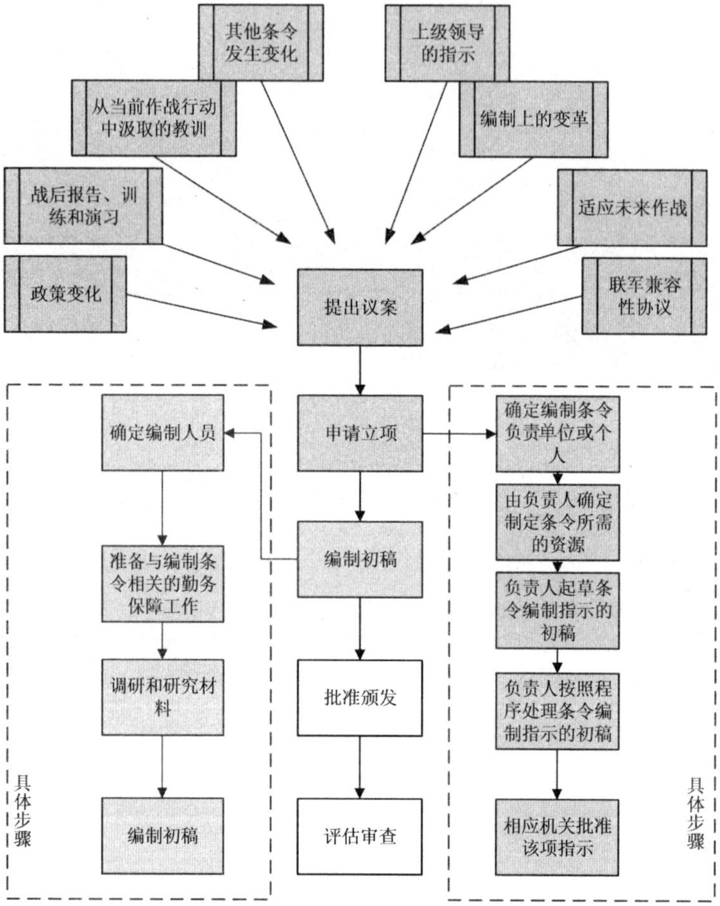

图1－6　美陆军法规编制流程

一、提出议案

编制装备保障条令的第一步是提出议案，军种装备保障条令的修订议案可由任何单位或个人提出。提出编制或修订军种装备保障条令的议案后，各军种通过评估现有装备保障条令，确定是否需要制定或修订。评估的核心内容是评估该条令的适用性和有效性，与条令已使用的时间长短无关。需要重点评估的因素主要有：第一，政策的变化（国家安全战略和国家军事战略）；第二，战后报告、训练和演习的结果；第三，从当前作战行动中汲取的教训；第四，其他条令发生的变化，如联合条令、其他军种条令、本军种的上级条令等；第五，上级领导的指示；第六，部队现代化过程中编制上的变革，或者技术的发展；第七，各军种通过某种分析所确定的未来作战能力，如陆军“能力综合与发展系统”所确定的陆军未来作战能力；第八，联军兼容性协议；第九，各军种在对其现行条令进行例行评估时所获得的反馈信息等。

在对条令进行全面评估之后，条令编制负责人将确定对该条令全面修订或重新编制、紧急修订或编制过渡条令。全面修订或重新编制是条令不再适用和有效，且在时间相对充裕的情况下进行。紧急修订通常是条令的部分内容不再适用和有效，且时间紧张的情况下进行；紧急修订一般只限于战术级条令。其中，重新编制装备保障技术条令最能体现条令的编制程序。

二、申请立项

该阶段的主要工作有三项：一是由上级机关再次审查，以避免条令或条令内容的重复；二是制订条令编制计划；三是准备相关的勤务与行政工作。在这三项内容中，条令编制计划是核心内容。条令编制计划是指导和规定如何编制条令的指导性文件，主要内容包括由谁编制、编制什么内容、什么时候完成、为什么要编制这本条令和如何编制，以及与条令的编制、使用、管理相关的其他问题。该计划一般由条令倡议者拟定初稿，再送到相应的机构审批。条令编制的倡议者通常也是编制条令的负责人。

军种装备保障条令编制申请立项包括以下五个步骤：一是确定编制条令的负责单位或个人；二是由负责人确定制定条令所需的资源，包括人员、装备、时间和资金，并研究各方面的材料和数据以制定项目指示；三是负责人起草条令编制指示的初稿，包括该装备保障条令的目的、编制或修订条令的原因、必要的参考内容、适用范围、目标受众、编制人员构成、批准级别、条令编制组的联系方式、编制计划和纲目等；四是负责人按照程序处理条令编制指示的初稿，主要包括负责编制条令的研究中心、军事院校或对口机关对条令编制指示的初稿进行评估审查；五是由相应的机关批准该项指示。

三、编制初稿

该阶段是装备保障条令制定过程中的主要内容。为了保证条令的适用性、有效性与指导性，美军建立了保证编制装备保障条令时能够充分联系实际，全面考虑各方因素的编制程序。该程序的主要内容包括调研情况、研究需求、撰写初稿、分发并广泛听取意见、修改初稿、审批和定稿等，其关键之处在于撰写初稿和分发并广泛听取意见两个步骤。在撰写初稿环节，编制人员可以根据需要，到装备保障中心或装备使用部队进行实地调研，在分发并广泛听取意见环节通过网络或其他方式在保密规定许可的范围内充分听取各方意见。美军各军种装备保障条令编制初稿的程序和思路基本是一致的，通常分为以下几个步骤：

一是确定编制人员。负责人在确定编制人员的组成时，要充分考虑人员构成的科学性、合成性和综合性，如陆军条令编制组通常应包括本条令领域的专家、编辑人员、相关技术专家、综合概念组、签约人和监督人。

二是准备与编制条令相关的勤务保障工作。主要包括：分配所需的资金；准备工作组会议，分配和协调临时职责；获取并安排编制条令所需的自动化设备、电子存储和分发设备等；需要时起草签约人所提供的支持性工作说明；安排查阅研究资料；确定条令初稿的框架结构；研究和分析各种数据资料以及安排条令评估和批准会议等。

三是调研和研究材料。其具体工作主要包括：组织工作组和综合概念组会议；分配临时职责；需要时参与并评估训练和演习，并就训练和演习的情况进行分析研究；分析各方面相关数据；需要时调整内容和框架结构。

四是编制初稿。初稿可以由编制组集体起草，必要时也可由个人撰写。初稿的编制分为五个阶段。第一阶段是起草初稿，通常由编制人员在3—6个月内完成，初稿第一稿完成后送指定的人员审阅并提出意见与建议。第二阶段是对外提交初稿，经过内部充分讨论和修改后送整个军种的其他单位征求意见。第三阶段是送审初稿，将初稿送审相应的主管机构进行审批，如陆军装备司令部、海军海上系统司令部、空军装备司令部等。第四阶段是进一步修改初稿，在经过前三个阶段后，各单位或个人会提出四类意见，即紧急意见、重要意见、次要意见和管理意见，如果条令编制负责人不能很好地解决上述四类意见，就要进入第四阶段，即召开广泛的协调会议，共同商讨解决方案。第五阶段是完成初稿，经过共同商讨修改后，完成装备保障条令的初稿准备送审。

四、批准颁发

该阶段的主要工作是将装备保障条令的初稿定稿送交相应的主管机关或领导审批，并颁发执行。各军种条令负责机构接到初稿后，经过相关程序的处理，将准备就绪的初稿送交军种最高军事领导或相关机构审批签发。

五、评估审查

该阶段是美军装备保障条令编制过程的重要环节，不仅能够监督条令的执行情况，而且能够即时跟踪条令的适用性和有效性。装备保障条令的评估审查工作可以由机关组织实施，也可以由条令倡议者组织实施，如果发现条令的全部或部分不再适用和不再有效，就需要制定新条令、编制临时条令或对条令进行修订，即进入装备保障条令制定下一个周期的第一阶段。

在军种装备保障条令的评估审查过程中，各军种都有相应的机构对其效果进行评估。同时，使用部队也将向装备保障条令编制或条令倡议机构提供有关使用情况的反馈意见和建议，条令编制或条令倡议机构将根据这些反馈信息，对条令进行评估，决定是否修订或重新编制该条令。

第四节　法规主要类型

本节主要介绍美国法律类型、国防部法规类型、陆军法规类型，为研究美陆军装备应急保障法规体系涉及的各类型法规提供基础。

一、国家法律

美国是联邦制的普通法系国家。美国现行法律体系，由判例法和成文法共同构成。涉及装备应急保障领域的法律类型，主要包括宪法和国会通过的一些法律。

《宪法》。《宪法》是世界上第一部作为独立、统一国家的成文宪法。《宪法》具有最高法律效力，且美国存在直接适用《宪法》的审查制度。《宪法》规定，美国国会通过的法律、参议院批准的条约、行政机构颁布的行政法规及联邦司法机构做出的判例法，组成了美国联邦法律体系。《宪法》于 1787 年 9 月 17 日颁布，两个世纪以来共制定了 27 条宪法修正案。

国会法律。美国国会是美国联邦法律的立法机关。联邦法律及国际条约不得与《宪法》相冲突，其法律效力高于美国州法及附属领地法。国会通过的法律主要包括：永久性基本法、国防授权法与拨款法、特定的法律或修正案。每届国会通过的新法，均会在此届国会卸任之年汇编入美国成文法律大全，继而进入《美国法典》。美国每六年刊印一版，对美国一般制定法进行汇编和进入法典。

二、国防部法规

国防部的法规有两种分类方法，一是根据性质类型分为国防部指令（DoD Directive，DoDD）、国防部指示（DoD Instruction，DoDI）、国防部手册（DoD Manual，DoDM）和国防部指令性备忘录（Directive－type Memorandum，DTM），二是根据内容类型分为1000系列至8000系列。

其中，指令带有命令的性质，一般比较简洁，页数不多，规定政策性问题。指示则一般是针对某些指令的具体解释（但不是一一对应，即每一个指令并不是都有指示相对应，内容简介明了，已经说明问题的指令无需指示进一步说明），内容在详细程度和操作性方面都要比指令强。手册则是针对一些具体问题的详细规定和阐述，有的手册还划分多卷，每一卷阐述不同的问题。如国防部手册4140.01系列，共分12卷，内容是“美国国防部供应链装备管理规程”，第一卷是“作战需求”、第二卷是“需求与供应计划”、第三卷是“装备采购”等等。通常这些手册是针对某个领域的具体问题，说明详细的工作流程、技术要求等。指令性备忘录则是尚未制定完成的约束性文件，突出时效性，避免由于制定指令等约束性文件所花费的大量时间而造成的时滞性问题，原则上指令性备忘录不具备约束性效力，只是作为参考，但事实上其公布也从实际上约束了后续工作。

根据内容类型分为：1000系列内容为人力和人员；2000系列内容为国际和外交事务；3000系列内容为计划和执行、指挥和控制、研究和开发，以及情报；4000系列内容为后勤、自然资源和环境；

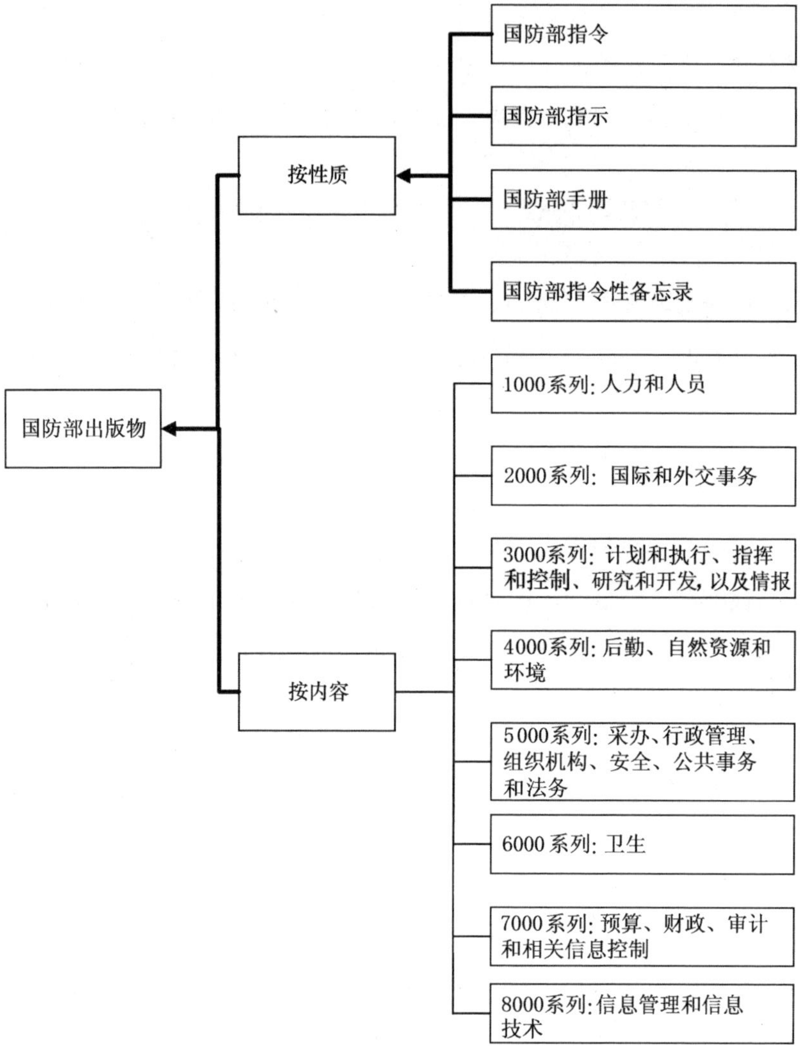

图 1－7　美国国防部出版物体系

5000 系列内容为采办、行政管理、组织机构、安全、公共事务和法务；6000 系列内容为卫生；7000 系列内容为预算、财政、审计和相关信息控制；8000 系列内容为信息管理和信息技术。

不同类型的出版物，对应的内容都有不同的系列，即 DoDD 分为1000系列至8000系列，DoDI也同样分为1000系列至8000系列，以此类推。因此，从内容看，装备应急保障相关的国防部出版物都在4000系列之中，包含指令、指示、手册和指令性备忘录各种形式。

三、陆军法规

陆军装备应急保障出版物一般由业务主管机关牵头负责，比如AR 700系列“后勤”相关的条令由陆军部负责后勤的副参谋长办公室（G－4）牵头负责；陆军训练和条令出版物一般由陆军训练和条令司令部牵头负责；陆军工程技术出版物由陆军装备部后勤局牵头负责。以上涵盖了绝大部分的情况，少数条令由具体负责该项工作的部门牵头，涉及不同军兵种的则由不同军兵种相关部门联合发布。

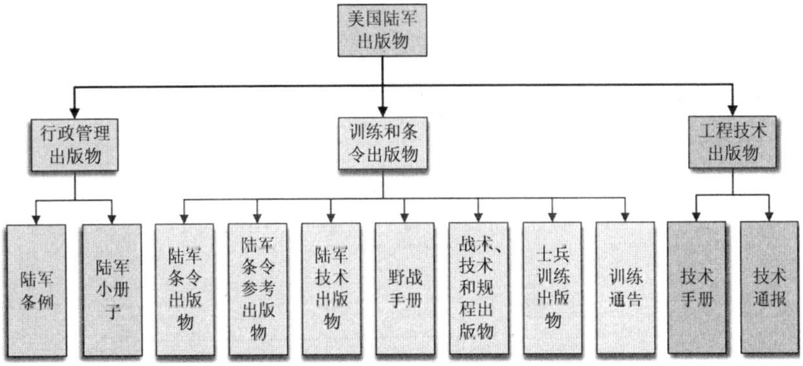

图1－8　美国陆军出版物体系

陆军法规，主要分为行政管理出版物、训练和条令出版物以及工程技术出版物。行政管理出版物主要适用于陆军各级司令部，即规范司令部工作。行政管理出版物主要包括：陆军条例、陆军小册子等。训练和条令出版物体系变化比较大，根据《2015年陆军条令战略》的发展进程，陆军新的训练和条令出版物体系架构改革已基本完成。训练和条令出版物包括：陆军条令出版物、陆军条令参考出版物、野战手册、陆军技术出版物、战术、技术和规程出版物、士兵训练出版物、训练通告等。工程技术出版物主要包括：技术手册、技术通报等。

第二章　美陆军装备应急保障法规体系层级架构

美军十分重视装备应急保障管理的立法，为了提高装备应急保障能力，将装备应急保障的原则要求、内容规程、风险规避、经验教训等固化升华为国家法律和军队法规，建立了一套层级清晰、系统配套、内容完善的法规制度体系，并且不断进行修改和完善，使装备应急保障的各个环节、各个方面都有法可依、有章可循。从整

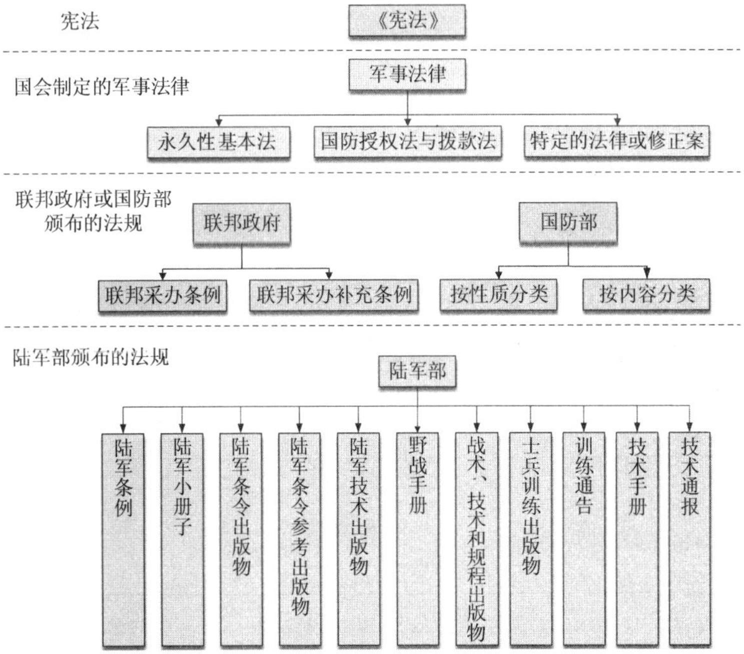

图 2－1　美陆军装备应急保障法规体系架构

体上看，美陆军装备应急保障法规体系分为三个层级，每个层级的法规效力不同，下一层遵从于上一层。法律或法令居于主导和支配地位，其他依次弱之。美国国防部是实权机构，不但管理军队，也负责与军事相关的国家机关，因此国防部法规是面向军队和国防工业的。

第一节　国会制定的军事法律

国会制定的法律是在宪法指导下，通过的一系列与军事相关的法律。这些法律主要包括：永久性基本法、国防授权法与拨款法、特定的法律或修正案。本部分将介绍国会制定的与装备应急保障相关的法律。

一、永久性的基本法律

与装备应急保障相关的永久性基本法，例如《国防生产法》《国防工业储备法》《国防采办队伍加强法》《战略和关键材料储备法》等。

表2-1　美国涉及装备应急保障的永久性基本法

序号	法律名称	英文名称	最新版本时间
1	《武装部队采购法》	Armed Services Procurement Act	1948年2月19日
2	《国防采办队伍加强法》	Acquisition Workforce Improvement Act	1990年
3	《国防设施法》	National Defense Facilities Act	1950年9月11日

续表

序号	法律名称	英文名称	最新版本时间
4	《战略和关键材料储备法》	Strategicand Critical Materials Stock Piling Act	1979 年 12 月 29 日
5	《联邦采办精简法案》	Federal Acquisition Streamlining Act	1994 年 10 月 13 日
6	《联邦技术转移法》	Federal Technology Transfer Act	1994 年 1 月 25 日

二、国防授权法与拨款法

装备采办是装备应急保障的重要环节，对装备采办而言，《国防授权法案》和《国防拨款法案》是最具约束意义和现实意义的两项法律。装备采办计划必须逐年向国会申报，先经两院的军事委员会审议，通过授权法案，再经两院的拨款委员会审议，通过拨款法案，并经总统签署后，方可付诸实施。计划执行过程中，国防部必须定期向国会报告情况。

《国防授权法案》是国会控制的国防采办过程的主要工具，最新版本于 2021 年 6 月 10 日发布，主要是为下一财年国防生产进行授权，如国防部的军事活动、部队建设、部队人力资源的重新编配及其他目的。2021 年的国防授权法的拨款金额为 7405 亿美元，其中国防基础预算为 6364 亿美元，海外应急作战预算为 690 亿美元，能源部国家安全项目预算为 259 亿美元。

《国防拨款法案》每年都会颁布，最新版本于 2021 年 6 月 29 日发布①，《国防拨款法案》分类规定军事活动的拨款数额。包括国防

① Appropriations Committee Releases Fiscal Year 2022 Defense Funding Bill, https://appropriations.house.gov/news/press-releases/appropriations-committee-releases-fiscal-year-2022-defense-funding-bill.

科研和采购款项，共分为九大类、六十二小类账目。

每年行政部门和立法当局都极为重视，投入大量精力，于每年2月召开以陈述军事态势与详细说明和讨论具体预算申请两个阶段的授权法案听证会，以及与此会同时举行的由两院拨款委员会的国防拨款小组委员会主持的拨款法案听证会，两会作证者均为国防部长、参联会主席和军种部长等要员。由于两会费时费力，已于1988财年起对国防预算听证会由一年一次改为两年一次。

第二节　国防部制定的法规

与美国国家法律情况一样，美国国防部层级没有针对装备应急保障的单独法规，而是将装备应急保障的规定分散到具体的领域和工作中，主要涉及装备应急保障的物资供应管理和与装备应急保障相关的技术活动。需要说明的是，美国实行国防部集中统一领导、国防部个业务局具体承办的模式，因此，这里的装备应急保障法规主要涉及的是各种具体领域和问题。

一、从国防部法规性质类型来看

按照性质类型，美国国防部法规划分为：指令、指示、手册、指令性备忘录等。本部分主要介绍美国国防部颁布的有关装备应急保障法规的制定情况。简要介绍这些法规与装备应急保障的关系，详细介绍见附录A。虽然美国国防部有一些涉及装备应急保障的指令性备忘录，但由于备忘录属于临时性文件，随时可能发生变化，本部分将不再单独介绍。

表 2 – 2　美国国防部涉及装备应急保障的法规

序号	编号	法规名称	英文名称	最新版本时间
1	DoDM 4140. 01	《国防部供应链装备管理规程：作战需求》	DoD Supply Chain Materiel Management Procedures：Operational Requirements	2018 年 10 月 13 日
2	DoDM 4151. 22	《以可靠性为中心的维修》	Reliability Centered Maintenance	2018 年 8 月 31 日
3	DoDD 5000. 71	《快速满足作战指挥员紧急作战需求》	Rapid Fulfillment of Combatant Commander Urgent Operational Needs	2020 年 5 月 29 日
4	DoDI 4151. 18	《军用装备维修》	Maintenance of Military Materiel	2018 年 8 月 31 日
5	DoDI 4140. 01	《国防部供应链装备管理政策》	DoD Supply Chain Materiel Management Policy	2019 年 6 月 3 日
6	DoDI 3020. 41	《战时合同保障》	Executive Services Directorate	2018 年 8 月 31 日
7	DoDI 4151. 22	《装备维修中使用的增强型基于状态的维修》	Condition – based Maintenance Plus for Materiel Maintenance	2020 年 8 月 14 日
8	DoDI 3020. 50	《私营安全合同商在应急作战，人道主义、维和，或其他军事行动、演习中的使用》	Private Security Contractors (PSCs) Operating in Contingency Operations, Humanitarian or Peace Operations, or Other Military Operations or Exercises	2018 年 8 月 31 日
9	DoDD 5000. 01	《国防采办系统》	The Defense Acquisition System	2018 年 8 月 31 日
10	DoDI 5000. 02	《国防采办系统运行》	Operation of the Defense Acquisition System	2018 年 8 月 31 日
11	DoDI 5000. 81	《应急能力采办》	Urgent Capability Acquisition	2019 年 10 月 31 日

相较于法律层面，虽然国防部法规层级中没有总体性法规，但与法律相比，国防部法规中有针对装备应急保障中某项问题的单项法规，如《作战支援空运》等，而法律层面则都是条目或章节。从内容类型来看，国防部的法规虽然也是涉及装备应急保障的人员、采办、运输等主要方面，但有关内容更加具体详细，可执行性强。

二、从国防部法规内容类型来看

按照美国国防部法规系列，有关装备应急保障的法规主要出现在 3000 系列、4000 系列和 5000 系列。

3000 系列，该系列的内容为“计划和执行、指挥和控制、研究和开发，以及情报”，其中 DoDI 3020. 50《私营安全合同商在应急作战，人道主义、维和，或其他军事行动、演习中的使用》规定了私营安全合同商（实际上与雇佣军类似）在战争和非战争军事行动中的使用问题；4000 系列，该系列内容为“后勤、自然资源和环境”，该系列中一共有四部法规涉及装备应急保障，可以看出装备应急保障在后勤保障领域的作用比较突出；5000 系列，该系列内容为“采办、行政管理、组织机构、安全、公共事务和法务”，其中涉及装备应急保障的法规主要是采办法规。

第三节　陆军制定的法规

本部分主要介绍美国陆军颁布的有关装备应急保障的法规制定情况。如前所述，当前陆军出版物分为行政管理、训练和条令，以及工程技术三大类。本部分将从这三类展开，梳理不同类型的陆军法规中与装备应急保障相关的文件。

一、行政管理出版物

美陆军行政管理出版物主要适用于陆军各级司令部，包括陆军条例和陆军小册子。陆军行政管理出版物划分的系列最多、最细。目前共划分了113个内容系列，其中有些系列已经没有有效的出版物，且没有新出版物予以替代。与装备应急保障相关的系列包括：700系列的内容为后勤，702系列的内容为产品保障，708系列的内容为供应产品和装备分类，710系列的内容为库存管理，711系列的内容为供应链集成，715系列的内容为采购，740系列的内容为储存和供应活动，750系列的内容为供应品和装备维修。

陆军条例主要用于规范美国陆军各级司令部的工作，以便按照统一规范的要求贯彻执行上级规定的法律、法规和政策等。陆军条例的内容主要是描述陆军在某个职能领域的任务、职责和策略，授予相关权利，设置目标，指定执行相关政策的法定程序等。陆军小册子主要用于解释和说明相关政策，起到指南的作用，并不是强制的规定。陆军小册子的内容只是提出各种方法，为执行任务提供备选和有益的方法，可执行的方案，以及说明各种策略的效果等，此类法规分为两种类型，一是标准小册子，二是情报小册子。标准小册子与陆军条例具有相同的格式，主要用于为陆军条例中提出的策略提供信息参考。情报小册子没有固定格式，根据具体的任务发布。目前，一般能见到的都是标准小册子。

表2-3　与装备应急保障相关的美陆军行政管理出版物

序号	编号	法规名称	英文名称	最新版本时间
1	AR 690-11	《保障军事应急行动的文职人员使用和管理》	Department of the army expeditionary civilian workforce and civilian deployments, in support of military contingency and emergency operations	2019年11月8日

续表

序号	编号	法规名称	英文名称	最新版本时间
2	AR 700－4	《后勤援助》	Logistics Assistance	2017年3月23日
3	AR 700－18	《美国陆军装备的供应》	Provisioning of U. S. Army Equipment	2020年8月29日
4	AR 700－138	《陆军后勤的战备完好性和可持续性》	Army Logistics Readiness and Sustainability	2018年4月23日
5	AR 702－19	《可靠性、可用性和维修性》	Reliability, Availability, and Maintainability	2020年2月12日
6	AR 701－2	《国家级以下的供应政策》	Supply policy below the national level	2008年3月28日
7	AR 700－142	《类型分类、物资发放、部署和转移》	Type Classification, Materiel Release, Fielding, and Transfer	2020年2月26日
8	AR 715－9	《战时合同商保障规划和管理》	Operational Contract Support Planning and Management	2017年5月24日
9	AR 750－1	《陆军装备维修政策》	Army Materiel Maintenance Policy	2019年10月28日
10	DA Pam 700－28	《独立后勤评估》	Independent Logistics Assessments	2019年7月17日
11	DA Pam 750－1	《指挥官维修手册》	Commanders' Maintenance Handbook	2013年10月4日
12	DA Pam 750－3	《士兵野战级维修作业指南》	Soldiers' Guide for Field Maintenance Operations	2013年9月18日
13	DA Pam 750－8	《陆军维修管理系统用户手册》	The Army Maintenance Management System Users Manual	2005年8月22日

二、训练和条令出版物

美国陆军训练和条令出版物大部分由美国陆军训练和条令司令部制定，并应用于指导部队训练和作战。正如前文所述，美陆军训练和条令出版物体系正在进行大规模改版，目前仍处在新版和旧版交替阶段，因此可以看到多种类型。从目前改革方向来看，今后美国陆军训练和条令出版物有以下几种主要的形式：陆军条令出版物、陆军条令参考出版物、陆军技术出版物、野战手册、士兵训练出版物和训练通告等。本部分介绍与装备应急保障相关的训练和条令出版物。

陆军条令出版物规定了如何运用兵力，描述了为达成国家目标而进行的军事行动中，所需兵力包含的基本要素，运用兵力所遵循的基本原则，除少数篇幅较大外，其余篇幅一般不长，基本保持在30页左右，主要包含基本职责、主要目标、基本任务等。陆军条令参考出版物是必要时对陆军条令出版物的配套文件，对条令出版物的内容进行进一步的细化说明，一般情况下与条令出版物配套的条令参考出版物的名称与条令出版物相同，如关于保障的ADP 4－0和ADRP 4－0的名称均为《保障》，ADP 4－0的篇幅为30页（包括封面），而ADRP 4－0的篇幅为70页，可见其内容要详细得多。野战手册主要用于描述陆军及其各级机构如何指导作战及平时如何组织训练。野战手册内容严格遵循陆军技术出版物和条令参考出版物的规定，主要包括作战原则、战术、规程等信息。野战手册中描述了陆军如何按照陆军技术出版物提出的要求完成作战任务。野战手册的篇幅比较长，多的可达百页，对各种工作的方法、流程、职责、信息系统使用等进行了比较细致的描述。陆军技术出版物主要用于描述技术方法，这些技术方法严格遵从陆军条令出版物、陆军条令参考出版物和野战手册的规定要求。在2000年以后的一段时间里美陆军使用了大量战术、技术与规程出版物来说明在作战中使用的各种技术方法，目前绝大部分战术、技术与规程出版物已经改成了技术出版物。陆军技术出版物的篇幅一般较长，一二百页甚至几百页都很普遍，其内容是对各种技术、方法、流程等的详细说明。士兵训练出版物主要用于士兵训练，为基层单位的士兵提供针对关键任务的训练信息和指南，适用于士兵、军官、非委任军官和指挥官。士兵训练出版物分为士兵手册、训练指南、军事合格标准手册和军官基础课程标准系统手册。训练通告用于规定各种训练出版物没有规定的非标准训练要求，通常训练通告下发给一些特殊的单位和个人，如小兵种、专门的岗位等。

表 2－4　与装备应急保障相关的美陆军训练和条令出版物

序号	编号	法规名称	英文名称	最新版本时间
1	ADP 4－0	《保障》	Sustainment	2019 年 7 月 31 日
2	ADRP 4－0	《保障》	Sustainment	2020 年 8 月 29 日
3	FM 4－0	《陆军运输行动》	Army Transport Operations	2014 年 4 月 3 日
4	FM 4－0	《保障行动》	Sustainment Operations	2019 年 7 月 31 日
5	FM 3－96	《旅级战斗队》	Brigade Combat Team	2021 年 1 月 19 日
6	FM 3－94	《战区陆军兵团和师作战》	theater army corps and division operations	2014 年 4 月 21 日
7	FM 4－30	《军械操作》	Ordnance Operations	2014 年 4 月 1 日
8	FM 3－0	《作战行动》	Operations	2017 年 10 月 6 日

续表

序号	编号	法规名称	英文名称	最新版本时间
9	FM 3－01	《美国陆军防空和导弹防御行动》	U. S. Army Air and Missile Defense Operations	2020 年 12 月 22 日
10	FM 4－40	《军需行动》	Quartermaster Operations	2013 年 10 月 22 日
11	FM 5－103	《战场生存性》	Survivability On The Battle-field	1985 年
12	ATP 1－02	《战区级人力资源保障》	Theater － level human re-sources support	2017 年 1 月 24 日
13	ATP 3－04. 7	《陆军航空兵维修》	Army Aviation Maintenance	2020 年 10 月 20 日
14	ATP 3－04. 13	《飞机修复操作》	Aircraft Recovery Operations	2018 年 4 月 16 日
15	ATP 3－04. 17	《前方弹药与燃料补给点技术》	Techniques for Forward Ar-ming and Refueling Points	2018 年 6 月 4 日
16	ATP 3－09－23	《野战炮兵营》	Field Artillery Cannon Battal-ion	2015 年 9 月 24 日
17	ATP 3－09. 24	《消防队技术》	Techniques for the Fires Bri-gade	2012 年 11 月 21 日
18	ATP 3－09. 13	《战场协调分遣队》	The Battlefield Coordination Detachment	2015 年 7 月 24 日
19	ATP 3－09. 60	《多管火箭炮系统和高机动火箭炮系统操作技术》	Techniques for Multiple Launch Rocket System (mlrs) and High Mobility Artillery Rocket System (himars) operations	2020 年 7 月 29 日
20	ATP 20. 15	《坦克排》	Tank Platoon	2019 年 7 月 3 日

续表

序号	编号	法规名称	英文名称	最新版本时间
21	ATP 20.96	《骑兵中队》	Cavalry Squadron	2016年5月12日
22	ATP 3-20.98	《侦察排》	Scout Platoon	2019年4月12日
23	ATP 3-21.8	《步兵排和班》	Infantry Platoon and Squad	2016年4月12日
24	ATP 3-21.10	《步兵连》	Infantry Rifle Company	2018年5月14日
25	ATP 3-21.11	《斯瑞克旅战斗队步兵连》	Stryker Brigade Combat Team Infantry Rifle Company	2020年11月25日
26	ATP 3-21.90	《迫击炮的战术运用》	Tactical Employment of Mortars Contents	2019年10月9日
27	ATP 3-21.91	《斯瑞克旅战斗小组武器部队》	Stryker Brigade Combat Team Weapons Troop	2017年11月5日
28	ATP 3-27.3	《陆基中段防御行动》	Ground-Based Midcourse defense Operations	2019年10月30日
29	ATP 3-90.1	《装甲和机械化连》	Armor and Mechanized Infantry Company Team	2016年1月27日
30	ATP 3-90.20	《区域保障大队》	Regional Support Group	2018年1月16日
31	ATP 3-93	《战区陆军作战》	Theater army Operations	2014年11月26日
32	ATP 4-11	《陆军机动运输行动》	Army Motor Transport Operations	2020年8月14日
33	ATP 4-12	《陆军集装箱作业》	Army Container Operation	2021年2月12日

续表

序号	编号	法规名称	英文名称	最新版本时间
34	ATP 4－13	《陆军远征多式联运行动》	Army Expeditionary Intermodal Operations	2014 年 4 月 16 日
35	ATP 4－31	《应急救援和战场损伤评估与修复》	Recovery and Battle Damage Assessment and Repair	2020 年 11 月 18 日
36	ATP 4－33	《维修行动》	Maintenance Operations	2019 年 7 月 9 日
37	ATP 4－42	《通用供应和野战勤务行动》	Materiel Management, Supply, and Field Services Operations	2020 年 2 月 11 日
38	ATP 4－48	《空运》	Aerial Delivery	2016 年 12 月 21 日
39	ATP 4－90	《旅保障营》	Brigade Support Battalion	2020 年 6 月 18 日
40	ATP 4－93	《支援保障旅》	Sustainment Brigade	2016 年 4 月 11 日
41	ATP 4－93.1	《战斗保障支援营》	Combat Sustainment Support Battalion	2017 年 6 月 19 日
42	ATP 4－94	《战区保障司令部》	Theater Sustainment Command	2013 年 6 月 28 日
43	ATP 4－98	《陆军野战保障旅》	Army Field Support Brigade	2021 年 6 月 30 日
44	STP 1－68B13－SM－TG	《士兵手册、技能等级 1/2/3 和培训师指南、MOS 68B、飞机动力装置修理师》	Soldier's Manual, Skill Levels 1/2/3 and Trainer's Guide, MOS 68B, Aircraft Power Plant Repairer	1991 年 12 月 3 日

续表

序号	编号	法规名称	英文名称	最新版本时间
45	STP 9 – 91A14 – SM – TG	《M1 艾布拉姆斯坦克系统维护人员 MOS 91A 技能等级 SL1/SL3/SL4 的士兵手册和培训师指南》	Soldier's Manual and Ttrainer's Guide for M1 Abrams Tank System Maintainer MOS 91A Skill Levels SL1/SL3/SL4	2018 年 4 月 23 日
46	STP 9 – 91B13 – SM – TG	《士兵手册和培训师指南 MOS 91B 轮式车辆机械技能 1 级和 3 级》	Soldiers Manual and Trainers Guide MOS 91B Wheeled Vehicle Mechanic Skills Levles 1 and 3	2015 年 12 月 15 日
47	STP 9 – 91H14 – SM – TG	《士兵手册和培训指南 MOS 91H 履带式车辆修理师技能等级 1/2/3/4》	Soldier's Manual and Training Guide MOS 91H Tracked Vehicle Repairer Skill Levels 1, 2, 3, and 4	2016 年 3 月 4 日
48	STP 9 – 91M14 – SM – TG	《士兵手册和培训指南 MOS 91M 布拉德利战车系统维护人员技能等级 SL1 – SL4》	Soldier's Manual and Training Guide for Bradley Fighting Vehicle Systems Maintainer MOS 91M Skill Level SL1/SL3/SL4	2018 年 6 月 14 日
49	STP 9 – 94E13 – SM – TG	《士兵手册和培训指南 MOS 94E 无线电维修人员技能等级 1/2/3》	Soldier's Manual and Trainer's Guide for the Radio Equipment Repairer, MOS 94E, Skill Levels 1, 2, and 3	2020 年 11 月 30 日

续表

序号	编号	法规名称	英文名称	最新版本时间
50	STP 9－94K13－SM－TG	《士兵手册和培训指南 MOS 94K 阿帕奇直升机系统修理师等级 1/2/3》	Soldier's Manual and Trainer's Guide, MOS 94K, Apache Attack Helicopter Systems Repairer, Skill Levels 1, 2, and 3	2007 年 12 月 7 日
51	STP 9－94M13－SM－TG	《士兵手册和培训指南 MOS 94M 技能 1－3》	Soldier's Manual and Trainer's Guide, MOS 94M, Skill Levels 1－3	2009 年 2 月 27 日
52	STP 9－94R13－SM－TG	《士兵手册和培训指南 MOS 94R 航空电子设备和生存能力设备维修技能 1/2/3》	Soldier's Manual and Trainer's Guide for the MOS 94R, Avionics and Survivability Equipment Repairer, Skill Levels 1, 2, and 3	2020 年 8 月 27 日

三、工程技术出版物

美陆军工程技术出版物的主要形式是技术手册和技术通报。

技术手册分为型号装备技术手册和通用技术手册。型号装备技术手册是按照装备型号制定的一些列手册，包括操作手册、维修手册、零部件清单等；通用技术手册指的是一些针对通用技术的手册，比如适用于电子类装备、机械类装备等类型装备的通用技术等。技术手册的编码规则如图 2－2 所示。其中：卷号指该技术手册的第几卷，如果只有一卷，则没有此位号码；维修级别与系列是对应的；手册序号指某一类装备的代号；装备的联邦供应产品分类指该装备属于联邦供应品分类中的哪一类；序列号指陆军划分的某一类装备，如“1”表示飞机。一般针对型号装备的技术手册是成套的，包含不同的用途。技术手册分为 10、20、30、40 系列等。

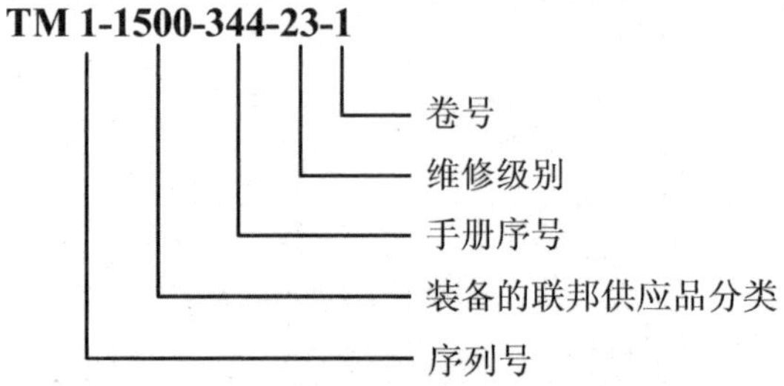

图2-2　美陆军技术手册编号含义

表2-5　美陆军技术手册各系列含义

序号	编号	手册内容
1	-10	操作员/成员维修
2	-12	操作员和基层级维修
3	-12P	操作员和基层级维修备件和专用工具列表
4	-12&P	操作员和基层级维修包括备件和专用工具列表
5	-13	操作员通过直接支援进行维修
6	-14	操作员通过中继级全般支援进行维修
7	-20	基层级维修
8	-23	基层级和中继级全般支援维修
9	-24	基层级通过中继级全般支援进行维修
10	-30	中继级直接支援维修
11	-34	中继级直接支援维修和全般支援维修
12	-34P	中继级直接支援维修和全般支援维修备件及专用工具列表（可以包含基地级维修备件）
13	-40	中继级全般支援维修

技术通报是针对型号装备或者一般技术的信息说明，内容包括基本规程、技术方法等。技术通报不包含行政管理、训练和战术运用等方面的内容。技术通报可以是技术手册的补充材料，但技术手册不会因技术通报而进行修改，技术通报也不会用于替代技术手册。针对某个型号的技术手册的技术通报所采用的编号沿用技术手册编号，在技术手册编号后面加 1 位，如针对 TM 1－1520－209－23 的 TB 编号可以为 TB 1－1520－209－23－17。有一类特殊的通报，即 TB－43 系列通报，其内容是装备改进报告，其编号自成系列。

表 2－6　与装备应急保障相关的美陆军工程技术出版物

序号	类型	编号	法规名称	最新版本时间
1	型号技术手册	TM 9－2320－280－24P－1	《卡车（15 种型号）操作员、基层级、直接支援级和全般支援级维修手册（包含备件和专用工具列表）》	2014 年 1 月 17 日
2		TM 10－8465－236－24&P	《模块化单兵轻型装具野战级和支援级维修手册》	2014 年 3 月 15 日
3		TM 11－5820－1049－12	《面向 AN/PRC－90－2 型无线电台的航空兵装备操作人员和基层级维修手册》	1990 年 8 月 15 日
4	通用技术手册	TM 4－48.08	《供应品和装备空投：军用多用途车锁固》	2016 年 3 月 15 日
5		TM 5－692－2	《C4ISR 系统中的机械和电子设备维修》	2005 年 12 月 9 日
6		TM 5－698－2	《面向 C4ISR 装备的以可靠性为中心的维修》	2006 年 10 月 6 日

续表

序号	类型	编号	法规名称	最新版本时间
7	技术通报	TB 9－2320－280－35－10	《AMTECH 型车顶中级车设备安装说明》	2005 年 9 月 29 日
8		TB 9－2610－200－34－1	《翻修和修复气胎检查员指南》	2014 年 8 月 1 日
9		TB 11－5820－1290－23	《安装有 HARRIS 天线的高机动轮式车辆（HMMWV）单信道对空无线电（SINCGARS）和增强型定位报告系统（EPLRS）的野战安装》	2016 年 8 月 10 日

第三章　美陆军装备应急保障法规体系内容解读

美军装备应急保障相关法规的应用与实践涉及到各个具体的领域，其重点领域包括装备应急保障力量、装备应急保障物流、装备应急保障维修、装备应急保障的军民融合四个方面。本章将从这四个方面展开，解读美陆军装备应急保障法规的内容。具体而言，有关装备应急保障力量的法规内容将从保障力量的职责、保障力量的实体运行模式以及装备应急保障合同商的使用三个层次展开；有关装备应急保障物流的法规内容将从装备应急保障物资的采办、运输两个层次展开；有关装备应急保障维修的法规内容将从维修的政策、维修的操作以及维修的技术三个层次展开；有关装备应急保障的军民融合的法规内容将从军民融合的战备法规、作战合同商法规、应急民力征召法规以及文职人员聘用法规四个层面展开。

第一节　装备应急保障力量

美陆军装备应急保障法规体系中存在大量与保障力运行体制相关的规定，从人员的指挥机制、专有队伍的运行到民间力量的征召都进行了详细的规范，为装备应急保障提供了强有力的人员保障。

一、规范了装备应急保障指挥机构职责

装备应急保障指挥机构负责突发事件应急工作的启动、组织、指挥、协调、决策和应急终止等任务，肩负着下达命令，做出合理决策的职责，美陆军依托装备应急保障法规体系，确立了装备应急保障指挥机构的地位，明确了装备应急保障指挥机构的职责。装备应急保障指挥机构职责法规分为两类，一是直接对装备应急保障的指挥机构职责进行了规定，二是在部分法规对装备应急保障指挥机构职责进行规定。

直接规定装备应急保障指挥机构职责的法规包括国防部指令DoDD 5000.71，美陆军ATP 4－94、ATP 4－93.1等。

国防部指令DoDD 5000.71《快速满足作战指挥员紧急作战需求》。该指令于2020年5月29日最新修订，用于取代2018年8月31日发布的DoDD 5000.71，该指令规定了紧急作战情况下国防部副部长，联合快速采集单元主任，负责采办、技术与后勤的国防部副部长，国防部副部长（审计长）/国防部首席财务官，负责政策的国防部副部长，负责人事和战备的国防部副部长，负责情报的国防部副部长，作战测试评估主管，成本评估和项目评估主管，军事部门的秘书，参谋长联席会议主席，作战指挥官，联合简易威胁防御组织主管的主要职责。

陆军技术出版物ATP 4－94《战区保障司令部》。该技术出版物于2013年6月28日最新修订，用于取代2010年2月12日发布的FM 4－94。（1）明确了战区保障司令部与远征保障司令部在联合地面行动中的角色，规定了战区保障司令部在战场准备、战场分配，以及保障作战行动中的职责，给出了战区保障作战行动的任务指挥结构，解释了战区保障司令部在作战行动中作为指挥部的角色，以及陆军军种部队司令部、远征保障司令部和保障旅的任务界面；（2）规定了战区保障司令部与远征保障司令部及其下属机构（包括附属单位）参谋人员的使命、工作和编制，给出了在战区保障行动中每个单位的运行模式；

（3）给出了战区保障司令部在分配、装备管理、行动控制、保障、行动合同及通用后勤保障等保障活动中的任务和职责，包括如何在联合部队、多国部队，以及跨机构环境下发挥相关职能，介绍了战区保障司令部与远征保障司令部在指挥中所使用的自动化信息系统与通信系统。

陆军技术出版物 ATP 4－93.1《战斗保障支援营》。该技术出版物于 2017 年 6 月 19 日颁布出版，描述了陆军战斗保障支援营的特点、能力、组织和作业过程。该出版物规定了在装备应急保障方面战斗保障支援人员的职责，如物资管理、维修保障等；明确了任务的优先顺序、保障需求、物资运输方案；确保战斗车辆、汽车地面保障、通信电子、武器装备和导弹装备的综合维修管理。

与上述装备应急保障指挥机构职责法规条令相比，散见于其他条例、条令之中的装备应急保障的介绍和指导则比较多，对装备应急保障同样具备较强的指导和约束能力。例如：

陆军条令出版物 ADP 4－0《保障》。该条令出版物于 2019 年 7 月 31 日最新修订，用于取代 2012 年 7 月 31 日发布的版本，是陆军条令出版物“保障”系列的顶层条令，阐述了陆军保障的基本要素和任务，对陆军遂行保障任务提出了总要求。规定了陆军保障要遵循的基本原则：一体化、预测性、反应灵敏、简明、节约、生存力、连续性。一体化指与作战结合，保证指挥和工作的统一；预测性指能够主动预测需求，提前于命令做好准备；反应灵敏指对需求快速做出响应；简明指最大程度减小保障过程和程序的复杂性；节约指注重资源利用效率；生存力指避免战场保障物资、人员等受损；连续性指战争中各级别能够不间断地提供保障。这里给出了在统一地面行动中（包括装备应急保障），各保障机构所担负的职责，以及与政府和多国部队的协调。

陆军条令参考出版物 ADRP 4－0《保障》。该条令参考出版物于 2013 年 5 月 2 日颁布，是对陆军条令出版物 ADP 4－0 的细化和解释。条令内容包括四章：保障基本原理、统一地面行动保障、决定性行动保障、保障要素。详细给出了在陆军统一地面行动中陆军各级司令部、作战部队在保障行动中的职能和任务。规定了在决定性行动中的装备保障工作，包括作战背景、保障行动中的任务式指挥、保障计划的制订等。

二、规范了装备应急保障力量实体运行

美陆军规范了装备应急保障力量的职责、指挥方式、组织架构、作战运用等内容，装备应急保障的力量实体主要包括：旅保障营、陆军野战保障旅、支援保障旅，除此之外，其他部队也肩负着装备应急保障的任务，尤其是在战场损伤修复方面发挥着重要作用的操作（机组）人员，具体包括：坦克排、骑兵中队、侦察排、步兵排和班组、步兵连、斯瑞克旅战斗队步兵连等。

陆军技术出版物 ATP 4 –90《旅保障营》。该技术出版物于 2020 年 6 月 18 日最新修订，用于取代 2014 年 4 月 2 日发布的版本，是规定旅保障营在装备保障方面的政策指南。规定了旅保障营（包括：1 个营部连、1 个补给连、1 个野战维修连、1 个旅保障医疗连和几个前方保障连）的主要职责、机构及运行。详细规范了负责供给运输的分配连、负责装备应急维修的野战维修连、负责陆军航空装备应急保障的航空兵保障营，以及为被保障营提供野战给养、野战维修和物资分配保障的前方保障连的职能、机构、运行程序。

陆军技术出版物 ATP 4 –98《陆军野战保障旅》。该技术出版物于 2021 年 6 月 30 日最新修订，用于取代 2011 年 12 月 15 日颁布的 ATP 4 –91，描述了美国陆军野战保障旅在组织结构与作战运用方面的基本条例与相关政策规定。该技术出版物给出了美国陆军野战保障旅及其下属机构的任务、指挥方式、组织架构等内容。规定了陆军保障旅受陆军装备司令部下辖的陆军保障司令部的领导与管理，保障旅下属的陆军野战保障营直接保障师级部队，旅装备保障分队直接保障作战旅和航空作战旅。规定了陆军保障旅在采办、装备和

技术方面的作用和职责，陆军野战保障旅在合同商保障方面的任务和职责。

陆军技术出版物 ATP 4 - 93《支援保障旅》。该技术出版物于2016 年 4 月 11 日最新修订，用于取代 2013 年 8 月 9 日颁布的版本。该出版物规定了支援保障旅及其下属单位的组织结构、基本任务和作战行动，辅助装备保障人员和战场指挥官理解支援保障旅的作用与组织，并在决策行动中提供指导。包括支援保障旅在陆军作战行动中的角色，如战场配送、支援保障作业。介绍了支援保障旅的基本组织架构：详细介绍了旅司令部、各个业务处、人力资源部等 21 类旅属部门的基本情况；详细介绍了战斗支援保障营的组织架构以及装备应急保障作用，如在弹药保障、运输保障、维修保障和供应与勤务方面的基本保障能力。

除以上技术出版物外，ATP 20.15《坦克排》、ATP 20.96《骑兵中队》、ATP 3 - 20.98《侦察排》、ATP 3 - 21.8《步兵排和班》、ATP 3 - 21.10《步兵连》、ATP 3 - 21.11《斯瑞克旅战斗队步兵连》、ATP 3 - 21.90《迫击炮的战术运用》以及 ATP 3 - 21.91《斯瑞克旅战斗小组武器部队》，均在保障和装备等章节规定了各分队在装备应急保障中的指挥职责、具体工作等内容。

二、规范了装备应急保障合同商的使用

美军在战场上的应急保障主要依靠两支部队，一支是正规作战部队，一支是地方大量的合同商。这些合同商会聘用许多地方人员来从事各种保障工作，其中包括装备应急保障。军方和这些地方人员一般没有直接隶属关系，但会为这些人员提供安全防护。由于这类地方人员众多，并且没有受过军事训练，管理起来比较困难，会消耗很多军事资源，牵扯很大精力，因此美军制定了许多法规来规范这些人员的行为。

国防部指示 DoDI 3020.41《战时合同保障》。该指示于 2018 年

8月31日最新修订，用于代替1990年6月23日发布的版本，是美国国防部关于战时合同保障的总体政策规定。指示规定了合同商通常应负责提供自己的装备保障，但是在严峻、不确定和/或敌对环境中，国防部可提供装备保障，以确保基本合同商服务的持续性；规定了合同官签订国防部作战保障合同的要求等。

国防部指示 DoDI 3020.50《私营安全合同商在应急作战，人道主义、维和，或其他军事行动、演习中的使用》。该指示于2018年8月31日最新修订，用于代替2009年6月22日发布的版本，是美国国防部关于私营安全合同商的政策规定。指示规定了国防部和国务院如何对私营安全合同商人员的选择、培训、装备和行为进行协调；如何在战争和非战争军事行动中使用私人安全合同商等。

陆军条例 AR 715－9《战时合同商保障规划和管理》。该条例于2017年3月24日最新修订，用于替代2011年6月20日颁布的版本。本条例是美国陆军条例715系列“采购”中战时合同商保障规划和管理的指导条令，规定了规划和管理战时合同商保障的政策和职责。该条例包含的重点内容如下：（1）陆军各级别战时合同商保障规划和管理职能。规定了从陆军部到下属部队各级指挥部及其领导者对于战时合同商保障的规划和管理职责。（2）战时合同保障计划。规定了多种战时合同保障计划，包括合同保障集成计划、合同商管理计划、人员集成和同步、陆军和联合集成计划、联合合同司令部和协调，以及风险评估和重要合同商服务延续等。

第二节　装备应急保障物流

军事物流保障的质量直接关系到作战双方军事行动的主动权分配，在某种意义上，军事行动即战斗双方在军事物资应急配送实力上的抗衡，军事物资应急输送效率甚至能够左右整个军事行动的成败。美军在全球范围内建立了军事物资应急输送网络，并配套建立了完善的法规体系。装备应急保障物资的采办依托了美军强大后勤供应链体系，具体包括应急保障物资的采办、运输、分发，目的是确保在紧急状况下，保障物资能顺利抵达。

一、规范了装备应急保障物资的采办

美军国防部直属的国防后勤局负责三军通用物资采购、供应以及勤务保障，专用物资则由各军种自行负责采购，即实行集中采购与分散采购相结合、以集中采购为主的模式。国防后勤局内部机构围绕采购、配送、补给进行整合重组，形成了物资采购一体化运作模式。美国强调装备采办的法制化、规范化建设，通过严密的法律法规对装备采办进行有效的管理，一方面依靠法律的权威来维护军队在采办活动中的权益，另一方面是装备采办人员有章可循、有法可依。陆军装备应急保障物资的采办同样得益于国防后勤局的强大布局及完善的法规体系。

《武装部队采购法》。该法律于 1947 年制定，是美国三军和国防后勤局管理武器装备采购工作的基本法律，规定了军事采购的基本政策和程序。该法明确规定在和平时期除了下列 17 种特殊情况可以通过谈判的方法外，正常的采购要正式招标、公开竞争。这 17 种特殊情况是：（1）在国会或总统宣布国家处于紧急状态时；（2）公众的急需不允许由于公开招标而延误时间；（3）采购项目的累计款额不超过 2500 美元；（4）个体或专业服务的项目；（5）由任何一所大学或其他教育机构提供的任何服务；（6）需在境外采购和使用的供应品和服务项目；（7）药品或医疗供应品；（8）供内部零售的供应品；（9）给养供应品；（10）不适于进行竞争的供应品和服务项目；（11）属于实验、开发或研究工作所需的供应品或服务项目；（12）不能公开采购的供应品或服务项目；（13）要求零件标准化和具有互换性的技术设备；（14）公开招标后收到投标价格不合理的；（15）其他法律授权的项目；（16）需要大量原始投资或长期制造准备的专用技术供应品；（17）有利于国防或工业动员的采购。作为美国国防部采购工作指南的《武装部队采购条例》（后修订为《国防采办条例》）以及目前正在贯彻执行中的《联邦采办条例》和《联邦采办条例国防部补充规定》，都以该法作为重要的依据。

国防部手册 DoDM 4140.01《国防部供应链装备管理规程：作战需求》。该手册于2018年12月13日最新修订，用于取代2014年2月10日颁布的版本，是关于作战需求的指导手册，规定了处理国防部供应链作战需求的供应链装备管理规程。手册规定了国防部各部门、供应保障提供者在保障作战需求时所实施的策略方法，规定了国防部各部门通过执行需求和供应计划、装备采办、管理分配等流程来执行供应链装备管理，以及国防部各部门通过采用业务实践流程和技术，例如企业资源计划、自动识别技术、自动规划系统等，提供最优化装备和勤务，并提高国防部供应链性能。

国防部指示 DoDI 4140.01《国防部供应链装备管理政策》。该指示于2019年6月3日最新修订，用于替代2011年10月14日发布的版本。该指示描述了国防部在供应链装备管理中的基本政策、职能和程序。给出了关于国防部供应链装备管理的基本政策说明，规定了国防部各部门在国防部供应链装备管理中的职责，以及国防部供应链装备管理所遵循的基本规程，具体包括：业务要求、供需计划、装备采购、装备生产和维护、装备交付、装备退回、保留和处置、支持技术、装备数据管理和交流、装备项目管理、特殊要求、安全关键项目和受控的库存项目。

陆军条例 AR 702－11《陆军质量大纲》。该条例于2018年11月7日最新修订，用于取代2014年2月25日发布的版本，是美国陆军条例中702系列“产品保证”中陆军质量领域的指导条例，规定了有关陆军质量大纲的陆军部政策和职责。该条例规定了负责采办、后勤与技术的陆军部副部长，陆军装备司令部总指挥，以及所有陆军参谋部门司令部、陆军军种部门司令部和直接上报单位对于陆军质量大纲的职责。

二、规范了装备应急保障物资的运输

装备应急保障物资运输规定是应急保障法规体系的重要组成部分。该部分规定了将部队所需的装备应急保障物资从配送中心送到部队用户的一系列有计划、有组织的管理和控制流程。运输是物资配送的核心，为达到将物资安全可靠、足量、适时、精确地送到部队用户手中，美军制定了一系列相关规定。

陆军技术出版物 ATP 4－13《陆军远征多式联运行动》。该技术出版物于 2014 年 4 月 16 日最新修订，用于取代 1996 年 4 月 5 日颁布的 FM 55－60。陆军远征多式联运行动在应急行动期间使用部署的或商业资产进行多式联运，以支持果断行动。陆军远征多式联运行动为战斗指挥官提供了部署、使用和维持的灵活性，以扩展指挥官的作战范围、行动自由和耐力。该出版物为指挥官及其各级工作人员提供了关于陆军远征多式联运能力的框架，包括空中/海上港口作业。

陆军野战手册 FM 4－01《陆军运输行动》。该手册于 2014 年 4 月 3 日最新修订，用于取代 1995 年 10 月 3 日颁布的 FM 55－1。手册规定了陆军运输行动的原则和功能，包括集成、参与、响应等原则以及模式行动、运输控制等功能；给出了战略级任务司令部及机构在提供战略运输保障时的作用和职责；给出了运输模式选择变量和两类运输模式（陆地和航空）；论述了运输成本及计算编码和重要性。列明并规定了用于规划和执行运输任务的多种自动化信息系统和网络，包括陆军集装箱资产管理系统、货物运输行动系统、计算机化的运输计划和状态系统、全球指挥和控制系统、计算机化的综合部署系统等。

陆军技术出版物 ATP 4－12《陆军集装箱作业》。该技术出版物于2021年2月12日最新修订，用于取代2013年5月10日颁布的版本。ATP 4－12描述了集装箱管理涉及的技术，并规范了集装箱的作业流程，确保单元设备和物资及时、安全地运送到预定目的地；加强集装箱管理可以提高指挥官的反应能力、简便性、经济性和连续性；描述了如何在战场及其周边进行集装箱管理，并讨论了集装箱如何通过配送系统进行运输，并返回出发地。

国防部手册 DoDM 4140.01《国防部供应链装备管理规程：作战需求》。手册规定了国防部装备运输采用现代化技术和系统，处理装备管理信息、自动识别存储物资和在运物资，其中包括后勤信息系统和技术、自动化装备管理系统、自动化识别技术等。（1）国防部供应链装备性能分析。手册规定了国防部各部门利用供应链装备分析性能进行识别、跟踪、分析、评估等工作。（2）产品保障数据。手册规定了产品保障数据的相关规范，包括武器系统技术手册、装备项目配置与性能相关的数据、武器系统产品保障成本数据以及其他数据，规定了收集、维护和储存产品保障数据时国防部各部门需进行的工作。

陆军条例 AR 710－2《国家级及以下供应政策》。该条例于2008年3月28日重新修订，用于取代1985年6月1日颁布的AR 11－11。该条例规定了陆军各个级别负责人在供应管理方面的职责。规定了各层级（基层级、直接支援级、全般支援级、军指挥部、战区保障司令部、战区）供应管理任务和具体工作，包括资产登记管理方法、库存管控（供应标准计算、申请、仓储、库存盘点、发放、回收、维修、运输等）、油料管理、弹药管理、战时供应管理政策和非战争军事行动供应管理政策。

第三节　装备应急保障维修

现代战争要求维修系统快速反应，尽可能接近装备故障或损伤地点，并能够使武器系统迅速恢复到可使用状态。维修设备应尽可能配置在战略态势允许的最前线，以便尽快修复故障或损坏装备并运回战场。为规范这一系列行动，美军制定了大量应急保障维修方面的法规。

一、规范了装备应急保障的维修政策

装备应急保障的维修政策是规范装备维修原则、指导维修行动、明确维修保障方式的指导性文件，美陆军并没有设立专门的装备应急保障维修政策，但很多维修法规中都包含装备应急保障的政策规范。

国防部指令 DoDD 4151. 18《军用装备维修》。该指令于 2018 年 8 月 31 日最新修订，用于取代 2004 年 3 月 31 日颁布的版本，是美国国防部关于装备维修的总体政策规定。该指令规定的装备维修政策适用于军队自身的维修也适用于合同商维修，对象包括武器系统、硬件、设备、软件和以上对象的组合；规定了装备维修所需遵循的基本原则和联邦法律；规定了国防部各级别应该进行有效的信息管理；给出了采用商用信息类货架产品的参考建议，并要求信息类产品需要符合国防部业务信息系统体系。

陆军条例 AR 750 - 1《陆军装备维修政策》。该条例于 2019 年 10 月 28 日最新修订，用于替代 2017 年 8 月 31 日发布的版本。它是美国陆军条例中 750 系列“供应品和装备维修”中的顶层条例，规定了陆军装备维修的基本政策。给出了陆军作战车辆、飞机、船艇、铁路装备、通信、情报电子战、测试诊断设备、医疗等 15 类装备的详细维修管理政策，包括基本政策、管理要求和保障方式等。条例规定了陆军实施装备全寿命维修保障的主要工作内容，包括采用以可靠性为中心的维修、基于状态的维修、维修保障规划、多媒体和交互式电子技术手册等。

陆军小册子 DA Pam 750 - 1《指挥官维修手册》。该手册于 2013

年10月4日颁布更新版本。手册介绍了陆军维修组织结构。规定了陆军维修标准、陆军维修任务目标、基准、性能指标等原则；规定了维修行动重要人员及其职责，并描述了关键机构的职责；规定了美国陆军实行两级维修，包括野战级维修和持续支援级维修。野战级维修指在装备使用现场进行的维修工作，使用现场可更换单元和部件进行替换，维修后直接将装备交还给所属部队；持续支援级维修指装备维修后送到供应系统，而非直接交还所属部队。该手册规范了维修行动和程序，给出了21世纪美国本土和境外陆军机构的维修行动和程序；规范了维修行动应用措施和系统，详细阐述了预防性维修检查与保养，装备技术资料、陆军标准维修系统和后勤信息系统，包括陆军标准维修系统—加强型、陆军标准维修系统—加强型1级、基层级后勤系统—航空兵加强型、财产登记部队供应—加强型等；规范了多种维修计划，给出了陆军油液分析大纲、陆军担保计划、装备援助计划等，重点阐述了司令部维修训练计划。

二、规范了装备应急保障的维修作业

维修是装备应急保障的重要环节，在战场上或紧急情况下，有序高效的维修作业，是保障装备迅速恢复战斗力的倍增器。美陆军对装备应急保障的维修作业进行了详细的规范，具体包括应急维修的流程、职责、工具等内容。

陆军技术出版物 ATP 3－04.13《飞机修复操作》。该技术出版物于2018年4月16日最新修订，用于取代2008年7月21日发布的FM 3－04.513《战场飞机应急救援和后送》。该技术出版物是美国陆军对各类飞机应急保障的指导性文件，对其作业实施进行了详细的规定，具体包括：战场上飞机抢修的类型、指挥职责、维修和保障设施、抢修程序及注意事项等。

陆军小册子 DA Pam 750－3《士兵野战级维修作业指南》。该手册于2013年9月18日最新修订，用于取代1994年8月1日发布的

PAM 750－35《士兵野战级维修作业指南》。手册规定了野战级维修作业的基本功能、操作规程和人员职责等内容，为了解和掌握野战级维修保障工作提供了参考。该手册给出了陆军野战级维修的基本职能，包括预防性维修检查与保养、维修管理系统所使用的信息报表、车辆驾驶人员认证、车间库存、电子技术手册、后勤信息库、预防性维修月刊、测试测量及诊断设备（工具）、战术维修、应急救援、战场损伤评估与修复，并介绍了野战级维修中涉及的部队工作、操作人员认证、维修工作管理等。

陆军条例 AR 700－138《陆军后勤的战备完好性和可持续性》。该条例于2018年4月23日最新修订，用于替代2004年2月26日发布的版本。该条例是陆军后勤的战备完好性和维修性的指导条令，规定了报告陆军装备实际状况和任务执行能力的政策、职责和程序，并规定了装备的战备完好性和维修性分析的政策和程序。本条例共分七章：简介、状况报告、陆军现有飞机总数、装备状况和飞行时间报告、导弹装备状况报告［装备状况报告 CSGLD－1864（修改版1）］、检测和修复战备完好性和维修性缺陷、装备维修性评估与分析计划。

陆军技术出版物 ATP 4－33《维修作业》。该技术出版物规定了美国陆军装备维修的原则和基本过程，阐述了两级维修体系。规定了美国陆军各级维修保障机构的划分及职责，包括从陆军装备司令部到维修连各层次维修机构；规定了维修保障作业的基本内容，包括维修保障在不同的作战行动中需要考虑的因素、旅以上部队维修保障方案、旅及以下部队维修保障方案、维修备件供应、应急救援作业、战场损伤评估与修复、后撤与重组；规定了维修管理的层次和基本流程；规定了维修工作的监督和管控方法。

陆军维修通报 TC 3－04.7《陆军航空兵维修》。该通报于2020年10月20日最新修订，用于取代2017年9月11日颁布的版本。规定了陆军航空兵维修结构、组织和职能要求；给出了有关陆军航空兵项目和装备的实际操作、程序和指南，包括航空兵资源管理调查项目、装备援助项目、陆军油液分析大纲、陆军担保项目、外来物损伤项目等；介绍了工具箱、工具室、测试测量和诊断设备、地面保障设备等；介绍了陆军航空兵维修管理系统，阐述了多种标准的陆军管理信息系统、装备保障活动、国防部装备局自动化系统；论述了单一库存储备和通用装备行动环境。

陆军技术手册TM 9－2320－356－BD《战术轮式车辆战场损伤评估与修复》。该技术手册于1987年12月18日颁布，规定了战术轮式车辆（如悍马、M35系列车辆、M39系列卡车等）在战场损伤评估与修复行动中的具体操作。规范了损伤评估的标准，即快速、简单、有效，战场损伤评估与修复包括打破平时维护惯例的维修技术，但在战场紧急情况下，抢修带来风险是可以接受的。详细介绍了战术轮式车辆的整体损伤评估流程和通信功能的评估流程，车辆的应急救援、汽车零部件、发动机、燃料供应系统、冷却系统、电气系统、变速器、制动系统的快速修复手段。

陆军技术手册TM 9－2350－273－BD《M84与M60系列坦克战场损伤评估与修复》。该技术手册于1984年1月31日颁布，规定了M84与M60系列坦克在战场损伤评估与修复中的具体操作。战场损伤评估和修复的目的是通过简易安装、旁路或临时装配部件，迅速恢复车辆支持特定战斗任务，这些维修可能是暂时的，可能无法恢复全部性能。该技术手册详细介绍了M84与M60系列坦克的发动机、燃料供给系统、冷却系统、电气系统、动力总成、制动系统、武器火控系统、履带悬置系统、通信系统一般的损伤类型和相应的修复方案。

陆军技术手册TM 9－2350－276－BD《战车战场损伤评估与修复》。该技术手册供操作人员、组织人员和直接支持/一般支持维护人员使用，它提供了在战斗中前线支援维修概念下战斗车辆战场维修的程序和指南。战场损伤评估和修复的目的是通过简易安装、旁路或临时装配部件，迅速将受损的战车修复后返还给作战指挥官，以恢复支持特定战斗任务或使车辆能够自我掩护，这些维修可能是暂时的，可能无法恢复全部性能；该技术手册描述了适用于所有战斗车辆的战场损伤评估与修复的一般性程序，适用于特定战斗车辆的系统或子系统的权宜之计修理。此类程序的细节不会重复，但仍可为某些快速修复作业在特定情况下为车辆恢复或自我恢复做准备。

除以上规定外，陆军的很多技术手册也对装备应急保障作业进行了规定，例如，型号技术手册：TM 9－2320－280－24P－1《卡车操作员、基层级、直接支援级和全般支援级维修手册》、TM 10－8465－236－24&P《模块化单兵轻型装具野战级和支援级维修手册》、TM 11－5820－1049－12《面向 AN/PRC－90－2 型无线电台的航空兵装备操作人员和基层级维修手册》；通用技术手册：TM 4－48.08《供应品和装备空投：军用多用途车锁固》、TM 5－692－2《C4ISR 系统中的机械和电子设备维修》、TM 5－698－2《面向 C4ISR 装备的以可靠性为中心的维修》；技术通报 TB 9－2320－280－35－10《AMTECH 型车顶中级车设备安装说明》、TB 9－2610－200－34－1《翻修和修复气胎检查员指南》以及 TB 11－5820－1290－23《安装有 HARRIS 天线的高机动轮式车辆（HMMWV）单信道对空无线电（SINCGARS）和增强型定位报告系统（EPLRS）的野战安装》等。

三、规范了装备应急保障的维修技术

装备应急保障维修技术是在紧急情况下保障装备遂行军事任务的重要支撑，维修保障技术是构成装备维修保障能力的基本要素，没有维修技术的支撑，就不可能有装备维修保障活动，更不可能完成维修保障任务。为维持高水平的维修保障技术，美陆军颁布了与装备应急保障相关的规定。

陆军技术出版物 ATP 4－31《应急救援和战场损伤评估与修复》。该技术出版物于 2020 年 11 月 18 日最新修订，用于取代 2017

年发布的版本。该技术出版物提供了作战期间如何使用应急救援和战场损伤评估与修复资产的方法与技术。ATP 4－31 对战场应急救援、战场损伤评估与修复进行了总体介绍，并指出其根本目的是使战斗装备尽快返回战场；还介绍了应急救援行动和战场评估与修复在类型和方法上的不同之处；概述了索具使用规程和计算机械效益的方法；概述了各种应急救援行动的方法、技术和安全措施。该出版物包含了白天和夜间应急救援行动中的手势信号。

国防部指示 DoDI 4151.22《装备维修中使用的增强型基于状态的维修》。该指示于 2020 年 8 月 14 日最新修订，用于取代 2012 年 10 月 16 日颁布的版本。该指示是美国国防部指示 4151.22 系列中关于装备维修使用的增强型基于状态维修的指导指示，规定了执行增强型基于状态维修的程序、技术，详细阐述了有效执行增强型基于状态维修的作用，包括增强维修效率和有效性、制定综合预测性维修方法、提高装备可靠性等。

国防部手册 DoDM 4151.22－M《以可靠性为中心的维修》。该手册是美国国防部手册中 4151.22 系列中关于以可靠性为中心维修的指导手册，是以可靠性为中心维修的指南。规定了以可靠性为中心维修的目的、概念、效益，及与增强型基于状态维修 CBM^+ 和系统工程之间的关系；规定了项目管理、维修分析、预测故障、预定恢复和报废任务、故障检测任务等以可靠性为中心维修的关键要素，其中维修分析包括以可靠性为中心维修的过程、功能、功能性故障、故障模式、故障效应、故障后果，以及维修任务和间隔。

第四节　装备应急保障的军民融合

美国军民融合的应用与实践涉及到各个具体的领域，在装备应急保障领域涉及国防战备、作战合同保障、民力征召、文职人员聘用等。

一、规范了装备保障战备法规

装备应急保障涉及到工业生产、国家基础设施等，这些领域要满足国防的需要，必须事先有所准备，在设计、建造之初就充分考虑军事的需要。

《国防设施法》由参议院和众议院通过，并于1950年9月11日颁布。该法案的目的是为适当的发展、训练、使用和维护而进行必要的采办，以及联合使用这些设施，从而达到效率和经济利益的最大化。该法案规定了购置、建造、扩充、恢复、改装和联合使用必要的设施，以供管理和训练美国武装部队、后备部队使用，并且对军队如何使用民用设施进行了法律规定。

《国防生产法案》最早颁布于1950年，也称为“1950国防生产法案”，该法案修订次数较多，最近的一次修订是2014年。“1950国防生产法案”包含七大部分，但在2014年修订版中有四个部分的内容已经被废止。该法案为国防企业扩大生产能力提供了强有力的财政援助，对国防生产过程中可能出现的劳资纠纷和信用监督等问题提出了解决的方法。

《国家工业储备法》颁布于1948年7月2日。该法案是为了通过保持和维护国家工业生产能力储备，来达到提升共同防御以及其他相关目的。该法案应按照国家安全条款处理过剩工业财产、过剩工业，授权使用、维护、保护、修复、翻新、出租或处置工业资产。法案规定了国家工业储备审查委员会的组成与职责，国防部长每年4月1日应向国会提交国家工业储备的报告，以及其他相关事项等。

《战略和关键材料储备法》最早颁布于1939年6月7日。该法案是美国针对共同防御、工业需求、军事承诺，以及建立战略材料供应储备的联邦法律。国会法案授权在美国大陆购买原材料、库存和库存的处理、周转。该法案于1979年12月29日更新。

《租借法案》颁布于1941年3月11日，于2012年8月10日最新修订。该法案允许美国向任何被认为“对保卫美国至关重要”的国家提供或出租战争物资，授权美国总统“售卖、转移、交换、租赁、借出或交付任何防卫物资”。

二、规范了作战合同保障法规

作战中的合同保障也是装备应急保障领域军民融合的重点。美国陆军专门成立了作战合同保障旅，并出台相关条例来为军队签订合同提供及时支援。

国防部指示 DoDI 3020.41《战时合同保障》于2018年8月31日最新修订，用于代替1990年6月23日发布的版本。该指示是美国国防部关于作战合同保障的总体政策规定，对作战合同保障行动的适用范围、合同签订、合同要求、战时合同商保障的程序等进行了规定。

陆军条例 AR 715－9《战时合同商保障规划和管理》于2017年5月24日最新修订，用于取代1999年10月29日发布的版本，是美国陆军关于作战合同保障计划和管理的总体政策规定。该条例对领导职责、部署前、部署、接收、前送和重新部署的程序与考量，以及合同商人员监督、陆军人员监督、政府提供的保障、输送控制、人员问责等战区内合同商和合同管理进行了规定。

三、规范了应急民力征召法规

民力征召是支援和保障部队执行军事任务、弥补部队人力资源和技术能力不足的重要途径，美国的民力征召法规主要包括：国防部人员征召法规、军种民力征召法规。

国防部指令 DoDI 1400.31《国防部文职人员突发应急预案与执行》于2003年12月1日修订，用于取代1995年4月28日发布的版本。该指令规定国防部文职人员应做好迅速、高效的反应准备，有效满足所有应急和紧急情况的任务要求；规定对应急和紧急人力需求进行适当规划，以保持适当战备装备；规定国防部文职人员可以部署到应急和紧急区域，为军事行动提供必要的保障。

国防部指示 DoDI 3020. 50《私营安全合同商在应急作战，人道主义、维和，或其他军事行动、演习中的使用》于 2018 年 8 月 31 日修订，用于代替 2009 年 6 月 22 日发布的版本。该指示指出在应急作战、人道主义或维和等行动中，国防部和国务院应对私营安全合同商人员的选择、培训、装备和行为进行协调，包括建立适当的程序，以及规定了作战指挥官应针对其责任范围内的作战环境，制定具体的私营安全合同商指南和程序。

陆军条例 AR 700 - 137《后勤民力增强计划》规定了战时民力使用的规划、人员的训练及战时如何申请和部署文职人员等。其目的是对作战期间使用民间合同商做好预先计划，以便战时选择好的勤务保障，从而增加陆军部队的兵力。条例允许指挥官对承包的保障进行预先计划，包括现有合同的意外条款。

四、规范了文职人员聘用法规

文职人员的大量使用是美国国防建设的一个特色。这些文职人员属于联邦政府编制，人员使用费用列入联邦国防预算。由于大多数文职人员不直接参与军事行动，因此，费用成本较低。美国国防部和各军种部是文职人员聘用的主要领域。为了有效管理和使用这些文职人员，美国出台了一系列的法规。

国防部指示 DoDI 1100. 22《决定劳动力组合的政策和规程》。该指示于 2010 年 4 月 12 日最新修订，用于合并与代替 1990 年 6 月 23 日发布的 DoDI 3020. 37，是美国国防部关于劳动力组合的总体政策规定。该指示规定了国防部使用现役和文职人员的组合方式和标准，即如何通过军民融合的方式利用民间人力资源为军队服务，以便弥补现役人员在人力资源方面的不足，也促使现役人员集中精力从事与作战直接相关的工作，而将保障工作交由文职或合同商雇员来完成。

国防部指示 DoDI 7041.04 CE－01《文职和现役军事人员人力及合同保障总成本的估算和比较》于2020年7月1日发布，代替2013年7月3月发布的 DoDI 7041.04，是与国防部指示 DoDI 1100.22《决定劳动力组合的政策和规程》相配套的法规。指示规定了成本估算和项目评估主管、国防部副部长（主计长）/首席财务官等国防部各部门主官的职责；国防部人力与合同保障总成本进行估算和比较的业务规则；成本要素和数据来源；商品、服务和福利列表等。

国防部指令 DoDD 1400.31《国防部文职人员突发应急预案与执行》。该指令于2003年12月1日最新修订，用于代替1995年4月28日发布的版本，是美国国防部关于文职人员应急与紧急人力规划与执行的政策规定。指令规定了国防部文职人员可以部署到应急和紧急区域，为军事行动提供必要的保障；文职人员部署到战区时，应接受作战指挥官的指挥，并按照与军事人员相同的方式进行管理和保障等。

陆军条例 AR 190－56《陆军文职警察和保安计划》。该条例于2013年3月15日最新修订，用于代替2009年10月15日发布的版本，是美国陆军关于文职警察和保安的总体政策规定。条例规定了基本训练、资格认证标准、个人可靠性计划、保安聘用挑选程序，以及训练、毒品测试、制服和装备等。

陆军小册子 DA Pam 690－47《陆军部文职雇员部署指南》。该手册于1995年11月1日发布，并且至今没有更新修订，是美国陆军关于文职雇员部署的总体政策规定。手册规定了部署授权、紧急任命、指挥与控制、法律援助、家庭援助、临时任命、文职人员标识、武器训练、服装和装备发放、部署套件、护照、战场生活补助、部队协议状态、特种训练要求、战俘状态/作战（非作战）状态、工资、补助、最高工资限制、加班、休假、危险工资、工作保密等。

第四章　美陆军装备应急保障的运行机制

美陆军装备应急保障的运行实施主要是依靠机制保障，合理的运行机制、完备的运行流程能保证装备应急保障的高效实施。在多场战争实践和现代化技术迅猛发展等因素的推动下，美陆军在装备应急保障体制运行机制方面取得了诸多进展，构建了成熟的组织体系，配备了专门的装备应急保障力量，规定了较为完善的装备应急保障流程和详细的作业步骤，并在实战和演习中取得了很大的收获。本章选取应急采办、应急救援、战场损伤评估与修复、应急保障培训四个装备应急保障的重点领域，对美陆军装备应急保障的运行机制进行介绍，内容涵盖组织原则、人员职责、操作流程等。

第一节　应急采办

美国国防部指示 DoDI 5000.81《应急能力采办》，是为满足应急作战需求能力和其他快速反应能力的国防采办确立的政策，分配了职责，并为采办项目提供了详细的程序。

一、应急采办的职责

DoDI 5000.81《应急能力采办》由上至下规定了国防部采办与保障副部长、联合快速采办单位执行主任、国防部副部长（主计长）/国防部首席财务官、作战试验鉴定局、国防部负责情报副部长、国防部研究与工程副部长、国防部各部局首脑在装备应急保障工作中的主要职责。

第一，国防部采办与保障副部长。在应急采办工作中，国防部采办与保障副部长具有两项职责：（1）负责制定流程和程序以实现应急采办，并适时向采办人员传达相关程序的更新情况；（2）确定项目何时不适合采用应急采办路径。采办与保障副部长可以拒绝某项目使用应急采办路径，并指示应使用其他采办路径执行任何项目。

第二，联合快速采办单位执行主任。在国防部第一副部长的授权、指挥和领导下，联合快速采办单位执行主任在应急采办工作中具有三项职责：（1）根据 DoDD 5000.71 指令，将快速解决联合应急作战需求、联合紧急作战需求和作战人员高级整合小组确定的紧急问题的职责分配给国防部部局首脑。（2）向国防部副部长（主计长）/国防部首席财务官通报紧急需求、指定解决方案提供者以及促进及时解决应急作战人员需求的资源；根据需要，协助解决资金问题。（3）基于解决方案提供者的更新，保持国防部部局努力满足应急作战人员行动的可见性，并通知作战人员高级整合小组的资金、合同、交付、作战性能、培训、部署、保障或影响及时完成任务的其他问题情况。

第三，国防部副部长（主计长）/国防部首席财务官。国防部副部长（主计长）/国防部首席财务官评估国防部支持紧急作战需求和其他快速反应能力的资助策略，并在必要时建议对当前财政年度预算做出补偿。

第四，作战试验鉴定局。作战试验鉴定局在应急采办工作中具有五项职能：（1）监控所有的应急采办项目；（2）指定由作战试验鉴定局监督的作战试验和实弹试验项目；（3）对于受作战试验鉴定局监督的项目，批准作战试验和实弹试验计划；（4）作战试验鉴定局负责监督的项目，在生产与部署里程碑节点批准部署后进行评估；（5）在适用的情况下，向国防部部长、采办与保障副部长、国会国防委员会和各军种部门提交独立的作战试验和实弹测验报告。

第五，国防部负责情报副部长。负责情报的副部长在应急采办工作中具有两项职责：（1）对国防采办主管项目技术、开发测试和技术风险相关的安全、情报和反间谍要求，向国防部采办与保障副部长提供建议；（2）对应急采办计划相关的安全、反间谍和情报问题向各部局提供建议，并与它们合作评估威胁和解决漏洞。

第六，国防部研究与工程副部长。研究与工程副部长通过以下方式向联合快速采办单位执行主任、解决方案提供者提供协助和建议。其具体职责为：（1）审查参谋长联席主席确认生效的联合应急作战需求/联合紧急作战需求，并为其提供关于解决方案的建议；（2）请求提供数据，以便向决策者提供符合研究与工程副部长办公室职责的技术建议和协助。

第七，国防部各部局首脑。国防部各部局首脑应积极配合，确保应急采办工作的顺利开展，规定了七项具体职责：（1）在适当情况下，调整和简化项目策略以及对应急采办的监督，这具体包括项目信息、采办活动、决策评审的时间和范围以及决策水平，应基于项目的复杂性和进度要求对采办策略进行裁剪和精简，以满足符合适用法律法规的应急能力要求。（2）如果期望的能力不能在两年内交付，应评估可更快实施的部分或临时解决方案的优点。在这些情况下，开发期望解决方案所需的行动可与部署临时解决方案并行启动。根据 DoDD 5000.71 指令，由作战人员高级整合小组确定的应急作战人员问题将由作战人员高级整合小组的共同主席确定。（3）确保采办决策和相关活动能加快采办、部署与保障。在所需开发工作有限且需要生产决策来保障进度的情况下，可以授权生产。（4）利用所有可用权限来快速资助、开发、测试、采办、部署和保障能力解决方案。（5）根据需要，确定并建议潜在的补偿，为当前执行年度及后续财年的应急采办活动提供资金，并与联合快速采办单位执行主任及国防部副部长（主计长）/国防部首席财务官讨论拨款事务。（6）尽可能采用并行而非串行的流程来识别和细化能力需求、识别资源并执行采办以加快解决方案的交付。（7）确保参与采办工作的财务、合同和其他支持组织（如国防合同审计机构、国防合同管理机构、各部局总顾问）及主承包商、分包商，充分意识到确保快速行动的紧迫性。

二、应急采办的流程

应急采办活动主要包括：预开发、开发、生产与部署以及作战与保障。应急采办活动的主体包括项目经理及里程碑决策当局，其中项目经理负责整个应急采办工作的执行过程，里程碑决策当局则对项目经理的申请进行审批，对应急采办流程具有决策权。应急采办能力既不独立于采办系统，也不是采办系统活动中的附加部分，而是采办系统活动的高度定制版本，旨在通过简化和审查来加快能力的部署，这些文件和审查通常是采办流程的一部分。

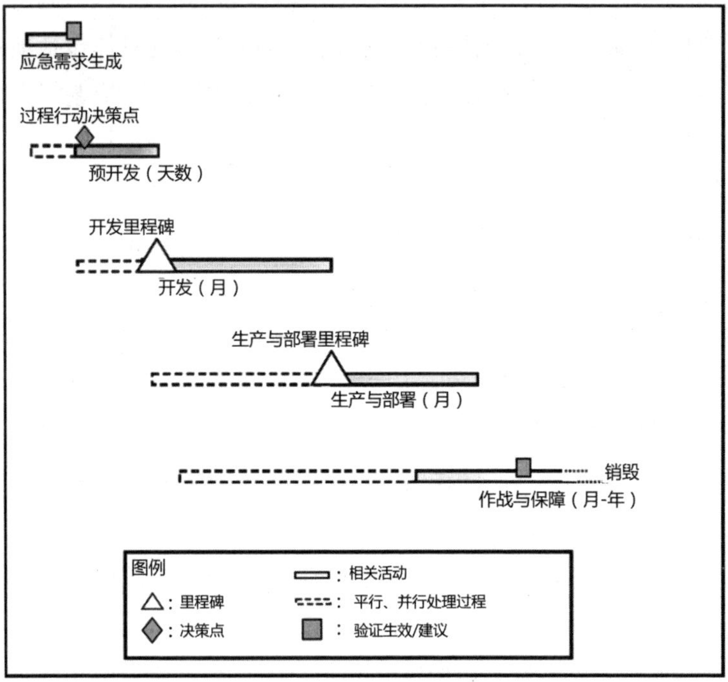

图 4－1　应急采办活动

1. 预开发

预开发是评估和选择一个或多个行动流程，以建立快速反应能力并开发采办的方法。在收到确认生效的紧急行动需求，作战人员高级整合小组根据 DoDD 5000.71 指令或国防部长/第一副部长快速采办当局决策文件批准关键作战人员问题声明之后，预开发活动方可启动。预开发活动包括四个步骤：指定项目经理、项目经理与预期用户合作、项目经理提交行动方案、项目经理制定采办策略草案和简略的项目期限（包括项目要求、时间表、活动、项目资金、评估方法以及中间决策点和标准）。需要注意的是，应急采办必须重新安排资金的优先次序和重新规划资金，以加快采办过程。如果某个项目通过正常的计划、规划、预算和执行系统就能在可接受的时间内部署，那么该项目就不适用于应急采办程序。

2. 开发

开发活动包括对性能、安全性、适用性、生存性、可支持性（包括软件）和致命性（如适用）的评估。它不要求在生产或部署之前解决所有已识别的缺陷，包括与安全相关的缺陷。决策当局将与用户及需求验证机构协商，确定哪些缺陷必须解决、哪些风险可以接受。可接受的风险将允许用户取舍开发策略、技术和程序，以使操作风险最小化。开发活动进行的前提是决策当局审批并同意通过项目经理提供采办策略和项目期限，审批内容包括：考虑首选解决方案的技术成熟度，确定在要求的时间内部署该能力的可行性，批准生产和评估的初始数量，批准制定的采办策略和采办项目期限，批准计划的测试方法，授权发布招标书。

3. 生产与部署

在生产与部署期间，采办机构向作战人员提供所需的能力，包括任何所需的培训、备件、技术数据（包括已知危险和公认的事故风险）、计算机软件、临时或永久设施或基础设施、支持设备、维护或其他操作所需的后勤支持。国防部各部局将确保以最快捷的方式部署能力和所需的支持（如派驻现场服务代表、培训），并持续跟踪到已实际交付给用户。国防部各部局应相互协调，包括协调需求活动，以核实所需项目的总数，考虑部署或部署前培训所需的必要支持、备件和培训资产。在生产与部署里程碑审查中，项目主任将总结开发活动的结果、部署前的表现以及迄今为止的项目评估。并将此信息提供给里程碑决策当局审批。里程碑决策当局将决定：作战能力是否经过充分审查，性能是否令人满意，是否具有可保障性，是否准备好进行生产与部署，什么时候需要评估实地能力。

4. 作战与保障

装备进行部署后，将进入作战与保障阶段，此时项目经理与最初提出请求的国防部部局合作，进行部署后评估。如果可行，将现场由保障性作战试验鉴定机构进行评估；如果不可行，项目主任可以使用替代方法进行评估，包括项目主任或作战试验鉴定机构对用户或其他国防部部局反馈的评估。在项目进入作战与保障阶段后的一年之内（如果国防部部局有指示，期限则可能更短），国防部各部局将任命一名官员进行销毁分析。装备销毁分析将考虑现场能力性能、事故数据、长期作战需求，以及能力与该部局当前和计划设备库存的关系，并做出销毁、继续参与应急保障、过渡到非应急采办项目中的建议，销毁分析官员将该建议提交给国防部各部局首脑。在收到建议的四个月内，国防部各部局首脑将做出第二次销毁决定，并将结果提交给联合快速采办单位执行主任、联合参谋部第八局（即部队结构、资源和评估局）需求与能力发展副主任。

第二节　应急救援

美国陆军技术出版物 ATP 4－31《应急救援和战场损伤评估与修复》对装备的应急救援进行了详细的规范，应急救援是指将那些在作战过程中遭到损伤而不能移动、无法使用或者需要报废的装备撤离当前位置，使其恢复使用或者将其移至野战维修保障点进行后续维修。本节将对应急救援的程序、使用轮式应急救援车辆的方法、使用履带式救援车的方法及特殊情况下的车辆救援方法进行介绍。

一、应急救援程序

在任何应急救援行动中，主要采用以下八个步骤。

表 4－1　应急救援步骤

步骤 1：勘查地域。（1）勘察地形，初步确定最佳应急救援路线，然后确定损伤装备的牵引方法，以及牵引钩的可用程度。应急救援人员在制定方案之前必须掌握损伤装备情况。（2）组织完整的地面区域勘察，最终确定最佳应急救援路线，防止损伤装备的二次损伤。在选择撤退路线时，确保所选行进路线适合各类车辆（应急救援车辆和牵引车辆）顺利通过。更多详细内容请参考 FM 3－34.170《工程师勘察手册》。
步骤 2：评估状况。评估负载阻力和可提供的作用力。对于涉及绞车的大部分应急救援行动来说，可提供的作用力是绞车的最大拉力。在一些应急救援行动中，要严格控制绞车和损伤装备之间的最大距离，使得可提供的作用力至少是绞车最大拉力的一半。

续表

步骤 3：计算比率。计算索具的机械效益值，方法是利用步骤 2 确定的负载阻力值除以可提供的作用力值（绞车最大拉力）。
步骤 4：计算各项阻力值。（1）计算滑轮阻力和全部负载阻力。利用步骤 2 确定的负载阻力的百分比乘以滑轮的槽轮数，计算滑轮阻力值。将滑轮阻力值加上第 2 步确定的负载阻力值，可获得全部负载阻力值。（2）可用的全部效能，是绞车可提供的最大拉力乘以第 3 步计算获得的机械效益值。全部可用效能是绞车性能值乘以机械效益值（第 3 步确定）。如果可用效能大于全部负载阻力，进入步骤 5；反之则回到步骤 3，增加机械效益。
步骤 5：制定解决方案。（1）计算各条绳索的作用力，并与绞车和终端连接线的最大拉力进行对比分析。用全部负载阻力值（第 4 步确定）除以机械效益值（第 3 步确定），得到起重线作用力，而且其值必须小于可提供的作用力。因此，应急救援程序中的这一步是解决问题的关键。注意：在制定解决方案时，如果计算获得的起重线作用力大于可提供的作用力，必须增加机械效益。需要注意的是体力劳动通常发生在这个时候。结果时间都主要用于移动装备或者重新安装索具设备上。（2）计算终端连接线作用力，确定设备所需要的承受力，选择正确的设备和终端连接线。
步骤 6：安装索具。（1）指导应急救援人员如何安装滑轮，然后将其移至安全位置。（2）组织应急救援计划涉及的全体人员，并指导他们进行牵引，依据要求的机械效益分配具体工作（应急救援计划涉及的全体人员在完成指定工作之后，应该协助有困难的人员实施应急救援。应急救援人员因为对滑轮安装有深入了解以及之间的互相协作，可以节省很多时间）。（3）全程监督安全防范措施。
步骤 7：复查索具。（1）确保滑轮安装正确，操作人员能够安全正确地操作使用。（2）指导操作人员消除绳索的松弛部分，并检查安装是否正确。如果需要采取纠正措施，指导应急救援人员进行纠正。（3）负责向应急救援车辆和其他车辆的操作人员解释详细的应急救援实施方案。指导操作人员观察手势信号，并依据手势信号做好准备。然后，移至所有车辆操作人员都能观察到信号的安全位置。
步骤 8：准备就绪。指示操作人员向绞盘施加作用力，实施应急救援行动。保持高度警惕，确保没有任何障碍物妨碍应急救援行动，地面所有人员处于安全位置。

二、使用轮式应急救援车辆的方法

下面介绍使用轮式应急救援车辆实施救援的方法。

1. 类型与使用

组织应急救援人员执行应急救援任务。如果操作人员、机组人员或班、排所采用的方法不适应当前形势或者他们的应急救援工作没有取得效果，就需要组织训练有素的应急救援人员使用专用应急救援车辆进行救援。专用车辆的应急救援方法主要包括：绞拉、提升和拖拽。

2. 绞拉

在使用救援车对陷入泥沼车辆进行应急救援期间，需要考虑以下因素：负载阻力、应急救援路径、救援车辆与陷入泥沼车辆之间的距离等。而且，救援陷入泥沼车辆所产生的阻力有可能会大于救援车辆的绞拉作用力。此外，由于地形因素，救援车辆可能无法使其与陷入泥沼车辆在一条直线上。在这种情况下，可以采用 2∶1 的机械效益值和 1 个改变方向的滑轮进行绞拉。

3. 使用轮式应急救援车辆的方法

将被救援车辆拖拽到最近的维修集中点，进行后续维修、后撤和回收工作。采用哪一种拖拽方法，依据当时的地形、机械状况及其他因素而定。常见的应急救援主要有以下三种方法：平行拖拽、提升吊运和快速提升。

平行拖拽。使用轮式应急救援车辆进行平行拖拽时，应注意：

（1）按照相应的技术手册、野战手册和陆军技术出版物，执行正确的平行拖拽程序。

（2）如果可能，尽量使用回收系统和多功能适配装置（由应急救援车辆的基本配发件提供），执行平行拖拽作业。

（3）如果可能，使用基本配发件的空气输送设备向应急救援车提供空气保障，为被拖拽车辆提供额外的制动作用力。

（4）如果应急救援车上的回收系统无法使用，将牵引杆的一端连接到损伤装备的牵引耳或者吊眼上，牵引杆的另一端连接到应急救援车的牵引挂钩上。要求全部被救援车辆的所有车轮均要着地，此时被救援车辆的驾驶室内不得有人。

（5）在实施应急救援行动之前，要先行确认地形因素和救援行进路线。如果行进过程中遇到山岭，则需要被救援车辆利用刹车系统进行制动减速，在山顶位置时挂到低速档，利用发动机压缩冲程辅助车辆减速。

（6）要特别注意牵引车辆下坡时防止发动机超速。如果有必要，处于山顶位置时，在下坡车速提高之前，要选择合适的档位和转速。一般来说，被救援车辆下坡时可以开启车辆发动机、挂空挡，利用发动机自身制动提供下坡阻力，必要时还可以适当采用刹车制动。可以查阅车辆操作人员手册，获得更多信息。

提升吊运。如果损伤装备的前方与后方拖挂设备均已损坏，即使在公路上实施应急救援，也需要使用提升吊运的方式进行应急救援。

（1）按照相应的技术手册、野战手册和陆军技术出版物，执行正确的提升吊运程序。

（2）如果可能，尽量使用回收系统和多功能适配装置（由应急救援车辆的基本配发件提供），执行提升吊运作业。

（3）如果可能，使用基本配发件的空气输送设备向救援车提供空气保障，为被拖拽车辆提供额外的制动作用力。

（4）使用适配装置连接损伤装备和救援车上的回收装置。

（5）使用安全锁链连接牵引救援车和损伤装备。

（6）提升吊运损伤装备时，要将损伤装备头部或尾部抬高一定高度，使其轮胎离开地面。实际的抬升高度要依据救援地形特征确定，但是一般都要有 12—18 英尺（3. 6576—5. 4864 米）。

（7）可以查阅应急救援车操作人员手册，获得更多信息。

快速提升。如果损伤装备的前方与后方拖挂设备均已损坏，且多用途适配设备也无法使用，即使在公路上实施应急救援，也需要使用快速提升的方式进行应急救援。

（1）按照相应的技术手册、野战手册和陆军技术出版物，执行正确的快速提升程序。

（2）将轴夹与损伤装备的车轴进行连接或者将锁链连接到损伤装备的固定点，以避免造成进一步的损伤。

（3）如果可能，尽量使用回收系统连接轴夹，或者使用锁链连接应急救援车。使用足够的锁链和捆绑用具，确保损伤装备不会随意移动或者在刹车时回收系统晃动。

（4）如果可能，插入牵引杆，连接损伤装备和救援车辆。

（5）尽可能少地延长牵引链，要尽量消除牵引链的松弛部分，从而避免被拖拽车辆冲到救援车辆后面。如果延长牵引链，需要通过固定架、吊杆托架，或其他坚固的支撑点来保障延长，这样在运输过程中牵引链就可以正常运行，能够防止对救援车液压元件的损坏。

（6）在使用快速提升方法时，应该保持高度警惕。在使用其他应急救援方法时，应该高度关注救援损伤装备的安全位置。

三、使用履带式应急救援车辆的方法

下面介绍使用履带式应急救援车辆进行救援的方法。

1. 绞车作业

应急救援车辆救援陷入泥沼的履带式车辆，为了实施绞车作业，尽量将应急救援车辆与陷入泥沼车辆在一条直线上保持固定的绳索偏角。

变化拉力绞车。如果使用变化拉力绞车，当绞鼓盘还剩 3—5 圈绳索时其承受能力最大。必须查阅绞车操作人员手册，以获得变化拉力绞车的最佳工作性能。

固定拉力绞车。使用固定拉力绞车时，可以与陷入泥沼车辆靠得比较近。允许为了在坚硬地面上作业，与陷入泥沼车辆保持一定距离。实践证明，艾布拉姆家族车辆平滑的车身使其遇到的阻力比预期要小。这就允许绝大多数陷入泥沼的坦克可以使用单根绳索将其拖拽出泥沼地。如果陷入泥沼坦克的负载阻力太大，其计算得出的起重线作用力比一辆机械效益值为 3∶1 的应急救援车辆最大拉力要大，就需要使用两辆应急救援车进行救援。

为了充分发挥绞车的能力，两辆应急救援车辆可以肩并肩放置。之后使用相同长度的牵引绳索。每辆应急救援车辆按照 2∶1 的机械效益进行使用。每个开口滑轮都要连接到陷入泥沼车辆的牵引耳上。为了保持拉拽速度一致，两辆应急救援车的驾驶员都应该使用手动油门以使发动机速度符合规定的每分钟转动次数，而且利用绞车操控杆调节绳索使其保持紧绷状态。

2. 履带式应急救援车辆

尽管可以使用类似车辆实施应急救援，但是通常还是使用应急救援车辆将损伤装备拖拽到部队维修集中点，进行维修或后撤。采用哪种应急救援方法，主要取决于地形因素和可用资源。

使用 M88A1 进行应急救援。在对艾布拉姆家族车辆或者 M88A1 系列应急救援车辆进行救援时，往往需要另一辆 M88A1 或 M1 系列应急救援车作为制动车辆（使用牵引杆的情况下）。

（1）在应急救援过程中，绝对不允许任何人位于损伤装备内。

（2）在应急救援过程中，绝对不能挂一档拐急弯，一定要拐缓慢的大弯。

（3）在应急救援过程中，绝对不能紧急刹车。

使用 M88A2 进行应急救援。在应急救援艾布拉姆家族车辆时，注意以下事项：

（1）使用一辆 M88A2 应急救援车，或者按照使用风险评估要求，使用另一辆艾布拉姆家族车辆作为制动或障碍车辆。

（2）使用交叉绳索方式来连接制动或障碍车辆。

（3）使用 M88A2 提供的牵引杆。

（4）如果在野外恶劣环境下实施应急救援，在拖拽、刹车或使用制动车辆时可以使用交叉绳索方式进行固定连接。

3. 在公路上进行应急救援

对于在公路上进行应急救援，需要注意以下几点：

（1）将应急救援车辆的牵引杆连接至损伤装备的牵引耳上。

（2）把牵引杆的牵引环置于应急救援车的牵引挂钩上（这一工作可由一个小型滑轮组完成——滑轮一边与牵引杆连接，另一端与应急救援车上比牵引挂钩位置高的部位进行连接；这就允许单个士兵在不处于两车之间的位置升举牵引杆至牵引挂钩位置）。

（3）确保牵引挂钩处于关闭状态。

如果应急救援车辆的重量比损伤装备的重量轻，则需要一辆与损伤装备重量相同的制动车辆，也需要采用交叉绳索的方式对损伤装备进行连接，以确保损伤装备不会比应急救援车辆速度快。

4. 在野外进行应急救援

只有在极特殊情况下，或者作为替代品，才会在野外使用交叉绳索方式实施应急救援。如果需要两辆相似的应急救援车辆，在应急救援车辆和损伤装备之间使用交叉绳索方式进行连接。制动车辆是必不可少的，这样被拖拽车辆就不会比应急救援车辆速度快。

5. 在战场上进行应急救援

在战场上进行应急救援，牵引绳索要置于敌军攻击方向的背面，同时使人员尽可能少地暴露在敌火力攻击范围之内。

（1）在应急救援车辆尚未移至损伤装备处之前，先将 V 型链索连接至应急救援车的牵引挂钩上。

（2）将应急救援车辆开至损伤装备附近。

（3）将应急救援车辆倒车至损伤装备跟前，如果可能，由损伤装备的操作人员负责将 V 型链索连接至损伤装备的牵引挂钩上。

（4）将应急救援车辆开出，并拖拽损伤装备至集中维修点。

四、特殊情况应急救援

下面主要介绍轮式车辆、履带式车辆、工程车辆、物料搬运设备和装甲车辆头朝下陷入和侧翻情况的应急救援工作。

1. 头朝下陷入车辆

一般救援头朝下陷入的车辆，只需要利用应急救援车进行提升操作即可。然而，有些情况，可能还会需要使用应急救援车的三个功能（绞拉、提升、拖拽）来完成救援工作。

对头朝下陷入泥潭车辆进行应急救援：

（1）将应急救援车辆固定在公路上头朝下陷入泥潭车辆的前端位置，在进行拉拽作业时，要与应急救援车辆的后端保持在一条直线上。

（2）改变牵引方向，利用应急救援车后部的绞车将陷入泥潭车辆拉拽到公路上。

（3）适当利用应急救援车悬臂将陷入泥潭车辆吊起，然后转动吊车将车辆直接置于应急救援车辆后面，为拖拽做好准备。

2. 侧翻车辆

利用应急救援车辆将侧翻车辆拉到侧立状态，必须采用吊索连接方法，因为拉力只施加于外壳的一个作用点上，很可能导致外壳变形。应该考虑到车辆的总重量。使用起重机吊运侧翻车辆，应该遵循这一原则：起重机的拉紧和提升水平，只能支持其车辆的一半重量。

吊索连接由两种锁链组成。吊索两端分别连接侧翻车辆悬空一边的吊运用钩环螺栓的前面和后面。然后，绞车绳索连接至吊索中心位置。

必须采取固定措施，以防止侧翻车辆撞击到车轮（固定作用力可以由另一部车辆、应急救援车吊杆、滑轮、人力操纵的钩环螺栓等提供）。用于固定作用的连接处是指将固定吊索连接到侧翻车辆的相同位置，以作为牵引吊钩使用。然后，利用钢索、绳索或锁链将固定用吊索与侧翻车辆固定点进行连接，要确保车辆固定点连接至吊索的中心位置。如果没有车辆可用于固定，可使用应急救援车辆的吊杆对重物进行固定。

在吊起过程中逐渐加力，直至侧翻车辆由侧翻状态恢复为直立状态。然后，降低吊起高度，直至车辆轮子接触地面。该方法应该最大程度地发挥千斤顶和悬臂的作用。

3. 侧翻履带式车辆

利用应急救援车辆把侧翻车辆拉正，将应急救援车开至面向侧翻车辆底部的位置。为了安全起见，至少要离损伤装备一个车位（侧翻车辆的宽度）再加 2 英尺（60.96 厘米）的距离。两个牵引绳索形成一个吊索，吊索两端穿过履带下部，连接到侧翻车辆悬空侧边的前后两个挂钩上。

将侧翻车辆拉正的过程：

（1）使用绳索将主绞盘与悬空侧边上支撑在车轮上的车架中间位置进行连接。

（2）向主绞盘施加作用力，直至车辆拉过其平衡点，然后使用吊起索具进行辅助。

（3）缓慢放低绞盘吊起索具，降低侧翻车辆提拉侧的高度，至侧翻车辆着地为正（低至悬挂系统位置）。

4. 榴弹炮

在将侧翻榴弹炮拉正时，所遵循的程序与拉正侧翻的轮式车辆类似。

（1）将牵引绳索或锁链连接至榴弹炮炮身的吊环上。

（2）确保使用一辆制动车辆，缓慢降低侧翻榴弹炮提拉侧的高度，直至榴弹炮着地为止。

5. 叉车

叉车只能从后面进行作业。如果叉车的货叉触及地面，甚至插入地下，叉车就会面临翻车的危险。参考叉车操作人员手册，查询具体的使用指南。为将侧翻或陷入泥沼的叉车拉正，使用侧翻车辆应急救援规程或陷入泥沼车辆应急救援规程。

6. 架桥装甲车

在救援架桥装甲车时，需要利用另一辆架桥装甲车的液压随动系统拆除侧翻架桥装甲车的架桥设备（注：由于 M88 型号液压系统的耦合器设计不同，所以无法拆除架桥设备）。一旦成功移除架桥装甲车的架桥设备，可以参照操作人员手册，查阅拖拽和连接规程。

7. 战斗工程车

在拆开主减速器之前，确保车轮已经使用木楔固定好。如果从 20 度或者更陡的斜坡下来，在使用牵引杆或牵引绳索时，需要第二辆车进行辅助作业。战斗工程车只能从后面进行拉拽，而且只能在将战斗工程车前面的铲斗卸掉之后才能实施应急救援。

8. 布雷车和扫雷车

一般情况下，布雷车和扫雷车不能从前面进行拉拽，除非将布雷设备和扫雷设备拆卸下来才能从前面进行应急救援。从后面拉拽布雷车和扫雷车时，其扫雷设备要依据地形和条件，选择处于全浮动模式还是自由浮动模式。一旦确定拖拽布雷车或扫雷车，请参考操作人员手册，查阅拖拽和连接规程。

9. 轮式起重机

在路况条件和路径限制允许的情况下，可以对车辆进行应急救援。

（1）使用配备空气式制动系统的车辆，且制动系统能够提供每平方米 120 磅力①（约 54.46 千克力）的制动力。

（2）将吊杆置于车辆前部用于拖拽最稳定的部位。

（3）如果吊运超过 1/4 英里（402.336 米）时，需要及时将传动轴从其前后方拆卸下来。

（4）穿过城镇时，拐弯和行驶都要加倍小心。关于安全使用起重机和类似设备的信息，参照技术通报 TB 385－101《起重机、起重机铲、牵引绳索及与电源线类似设备的使用安全手册》。

10. 道路平地机

如果拖拽道路平地机超过 0.5 英里（804.672 米）以上，就要求维修人员必须拆除双轴传动链。如果拖拽距离在 0.5 英里以内，则没有必要拆除双轴传动链，但是时速必须控制在每小时 5 英里（8046.72 米）以内。如果维修人员不能拆除双轴传动链，拖拽距离又超过 0.5 英里，那么必须使用拖车来对道路平地机实施应急救援。

11. 铲斗装载机

这类车辆不应该采用推行或拖拽的方式进行救援，而是必须使用平板拖车来移动。如果出现紧急情况，必须对铲斗装载机进行拖拽，推行或拖拽的最大移动距离是 0.5 英里（804.672 米），以不超

① 1 磅力＝0.4536 千克力（公斤力）。

过每小时 5 英里的低速行驶。参照操作人员手册。

12. M9 型装甲战斗重型推土机

M9 型装甲战斗重型推土机只能从后方进行拖拽，并且要拆除主减速器，防止对驾驶系统造成损害。在拖拽 M9 型装甲战斗重型推土机拐弯时，必须拐一个较大的弧度，以防止损坏车辆的悬挂系统和牵引杆过度拉紧。确保损坏车辆处于弹性位置。参照操作人员手册，查阅其他拖拽信息。

13. 炮管插入壕沟或山谷的履带式车辆

在对炮管插入壕沟或山谷的履带式车辆进行应急救援之前，需要考虑各种相关因素。如果损伤履带式车辆的后方道路足够平坦，则可以采用拖拽方式进行应急救援；如果损伤履带式车辆的后方道路不适合拖拽，则使用绞车进行应急救援。

（1）将应急救援车辆开到陷入壕沟或山谷的损坏装备背面位置（炮管插入壕沟的履带式车辆的前方）。

（2）使用应急救援车辆的吊杆，按照其最大机械效益值，利用 V 型链索将其起重滑轮与陷入壕沟或山谷的履带式车辆的吊耳进行连接。

（3）将车辆提升至水平位置，然后拉拽到壕沟的对面，通过进一步的拖拽或绞拉完成应急救援工作。

五、临时救援技术手段

临时救援技术手段是指使用现有的设备工具进行的救援工作。例如，有时车辆需要在遥远区域进行救援，而现场并不具备远程辅助维修能力。在这种情况下，操作人员或机组人员必须尝试按照技术手册中规定的类似方法，完成损伤装备的自我救援。

1. 杠杆

使用杠杆将轻型卡车翘离沟壕，方法如下：

（1）利用杠杆翘起卡车的前段。

（2）挂倒车档，向卡车施加作用力。

2. 使用石头和木桩替代千斤顶，拆除前后轮

抬起货车前轮的方法如下：

（1）将一个长约5英尺的木桩作为杠杆使用。

（2）将木桩底部放置在一个浅坑之中。

（3）使用绳索或链索，将木桩上方按一定角度固定在车辆的前保险杠上。

（4）向前移动车辆，直至木桩完全垂直为止，这时车辆前轮就悬空了（类似使用千斤顶将车辆前轮顶起）。

（5）拉上车辆手刹，固定车辆。

如果是两轮并排式车辆的后面外部两个轮发生故障需要维修，此时又没有千斤顶，可以采用垫石头的方法抬起车辆。将一块大小合适且坚硬的石头放置在地面上，把车辆开到石头之上，注意是并排车轮的内轮开至石头之上，便可得到类似千斤顶顶起的效果。

还有一种代替千斤顶的方法，就是使用一截比车轴到地面距离长的坚硬木头。

（1）将木桩底部放置在一个浅坑之中，将木桩上方用绳索或链索固定在车辆的前保险杠上。

（2）压着呈角度放置的木桩向前移动车辆，直至木桩完全垂直为止，这时车辆前轮就悬空了。

（3）拉上车辆手刹，固定车辆。

3. A型架

通常情况下，如果卡车陷入浅洞、窄沟或弹坑之中，需要使用

拉升和拉拽设备实施应急救援。如果陷入的车辆配备绞车设备，则可以使用绞车提供拉力，使用 A 型架提供提升力。

利用两根长竿，搭建一个 A 型架：

（1）利用 8 字结或单环结将两根长竿的头部捆绑在一起。

（2）将长竿的下端斜插入地面 10—12 英寸（25.4—30.48 厘米）深，防止用力时长竿滑走。

（3）将 A 型架的上端置于车轮的前部，并将 A 型架与车辆相连。

轮式车辆配备的绞车设备和 A 型架，可以提供提升力和拉拽力，实施应急救援。

（1）选择机械效益值为 2∶1 的绞车钢丝绳。

（2）将绞车钢丝绳固定到 A 型架尖端位置。随着钢丝绳的绞缠，A 型架提升和拉拽卡车向前。

（3）卡车的悬挂系统越过壕沟或浅洞。

（4）利用石头、泥土或其他材料填满壕沟，车辆就可以向前或向后行驶了。

第三节　战场损伤评估与修复

美国陆军技术出版物 ATP 4－31《应急救援和战场损伤评估与修复》对装备的战场损伤评估与修复进行了详细的规范。战场损伤评估与修复是指在战场环境下，通过对部组件采用一系列野战临时性修复措施，使损伤装备修复后快速返还作战指挥官的过程。战场损伤评估与修复，可使损伤装备恢复完成特定作战任务所必需的最基本作战能力，或使损伤装备能够实现自我救援。本节将介绍战场损伤评估与修复的详细运行机制。

一、战场损伤评估

战场损伤评估与修复中，第一个也是最重要的一个阶段就是“战场损伤评估”。快速和精确的评估在确定损伤程度、需要采取哪些临时性修复措施或需要采取哪些应急救援措施至关重要。缓慢而粗糙的评估可能会导致对次要损伤的忽视，或者在装备应急救援过程中出现不必要的麻烦。战场损伤评估是指在战场上对装备故障或受打击装备进行性能评价、预估的工作。所谓精确的战场损伤评估就是要确定子系统或者部件的主要损伤、次要损伤的程度，也包括对修复类型和风险等级的评估。评估还应该包括对执行临时性修复所需人员、时间、材料的评估。对几件损伤装备执行战斗损伤评估，应该采用“装备修复分类”完成。这一概念确定了战场损伤装备修理的顺序，以及是否通过受控替换或拆拼修理来获取备件。应该最先考虑对主要武器系统进行修理，除非有其他紧急任务。

1. 评估的基本准则

在执行战场损伤评估与修复过程中，要一直关注人员的安全问题。执行安全检查，用以确认可能的风险：

（1）炮管中是否有残存弹药？

（2）是否有弹药由于震动、开火和物理损伤处于危险状态？

（3）是否有易燃物？例如燃料、液压油或累积的燃油。

（4）露出的线缆是否安全？弹药储存是否存在电弧？易燃物是否有泄露？

（5）消防系统是否可用？如果没有，则安排一名操作人员在车内进行手动的灭火操作，并在车辆外面安排一名操作人员进行额外的灭火操作。

（6）对于安装有机内自检程序的系统，在其发生故障前是否进行了功能/操作人员测试？

遗弃装备或是友军遗弃的无人监管的装备很可能被放置饵雷。在实施遗弃装备损伤评估或修复工作时，饵雷和临时爆炸设备会对修复工作造成特殊的挑战。为了确保开展战场损伤评估与修复工作人员的安全，在移动和修理损伤装备前，必须要仔细检查。此外，申请排爆物资，必须提供具备安全标识的临时性引爆装置或饵雷。

位于临近位置、装备上部或内部的未爆炸军械（易爆物资）不能受到影响。爆炸性军械处理人员，必须在开展战场损伤评估与修复或应急救援工作之前，先行处理易爆物资。

如果有化学、生物、放射性和核辐射武器被遗弃在部署地域或是在损伤装备上运输，必须要采取合适的保护措施，检查该地域的污染情况。在损伤装备运送至维修集中点之前，要先行对其污染物开展清除工作。

在许多弹药和车辆的装甲防护板上都发现存在废弃的铀。虽然废弃铀造成重金属毒害大于其本身辐射的危害，对废弃铀的辐射风险也要十分重视，并采取措施消除废弃铀的污染。用衣服的布条捂住嘴和鼻子，把露出衣服外的部分尽量都用衣物护住，以防吸收危险粒子。必须使用辐射测量仪对损伤弹药或车辆装甲防护板中废弃的铀进行辐射水平测试。

在战斗一线，要试图将损伤装备移至隐蔽工事或有遮挡工事的区域，远离敌军火力。移动距离长短取决于当时战术条件。在战场损伤评估过程中，要特别注意装药武器、损伤弹药、损伤线缆等对评估工作造成的危险。

熟悉损伤装备的使用方法十分重要，可以有效避免造成装备或人员的二次损伤。在战场损伤评估和功能检测过程中，只能由经验丰富的人员来操作武器系统。

2. 战场损伤异常警示

战场损伤异常警示，在战场损伤评估中发挥了重要作用。装备损伤可能是由敌军打击造成的，也可能是由操作事故或机械故障造成的。操作（机组）人员的及时关注与辨识也是非常重要的。因为装备停止运行后，一些战场损伤异常警示不会立刻显现出来。例如：如果车辆驾驶员发现机油表指示盘上油压数据下降很快，则驾驶员要立刻关闭发动机，防止车辆缺少润滑剂导致熄火，这样就可以避免车辆出现故障。在机油表指示盘可用时，就能够开展修理，并且重新注满机油箱。这一措施可以不用应急救援或更换发动机，就能使装备恢复使用状态。

常见的战场损伤异常警示，包括烟雾、火光、异样气味、异常噪音、漏油、报警灯和报警声，以及不能移动或者丧失系统功能等。绝大多数液体都有独特可供分辨的颜色和气味，准确识别液体的这些特征对于快速判断装备损伤极其重要。其他战场损伤警示，还包括装备动力、系统功能、控制能力的丧失，以及系统性能下降等。

3. 战场损伤评估

在战场上，通常由资历较深的士官来决定是否开展战场损伤评估与修复、何时开展战场损伤评估与修复工作。做出这项决定的依据，是根据当时的作战情况和执行修理的风险等级。

在对损伤装备进行评估之前，不要试图操作装备系统或其子系统，以防止造成人员或装备的二次损伤。例如，如果所有电路的断路器都发生了损坏，包括主电路断路器在内，要对其进行损伤评估，以确定恢复车辆电源的最佳方法和顺序。可以通过重置主电路断路器，然后重置其余的电路断路器。在战斗前线，要将损伤装备移至隐蔽工事或有遮挡工事区域避免二次损伤，最好的方法是移动损伤装备至其他地形特征地域或者离敌方火力一公里远的位置。

如果车辆不具备自我应急救援能力，应使用其他型号或者更重一级型号车辆来应急救援或是隐藏损伤装备。如果上述工作无法实现，则将车辆炮塔（如果车辆装备炮塔）方向转至敌火力方向，并修复其火力打击能力。

为实施一次系统评估，操作人员和维修人员要按照十一个基本步骤执行战斗损伤评估。这十一个基本步骤包括：

（1）从表面观察损伤部件和系统的内部与外部情况。

（2）从表面观察并判断车辆主系统是否正常运转。

（3）开展装备的自检功能——使用机内测试技术、机内测试设备和功能检测设备。

（4）评估系统性能（如果发动机能够安全启动，检查每个系统）。

（5）判断哪个子系统受到影响。

（6）判断装备机组人员能否修复损伤（是否有足够的具备所需技能的机组人员？当前战术环境是否允许在当前位置开展修理?）。

（7）评估修理时间（通过机组人员和修理分队完成）。

（8）评估所需修理人员的数量和类型，以及相关风险。确保执行指挥官授权的修理工作。

（9）确定所需材料。

（10）确定损伤装备经过战场损伤评估与修复或标准修理之后车辆有哪些限制。

（11）确定应急救援状态，是实施自我救援，还是类似车辆救援，亦或专用设备救援?

基于当前战术环境和任务变化，维修分队使用检查信息对以下方面进行处置：

（1）判断当前的风险等级是否适合所需的修理工作。

（2）如果必要，对维修测试设备进行检测。

（3）如果必要，执行额外的车辆使用测试。

（4）确定哪些是必须修理或更换的部分。

（5）评估每项修理任务的修理时间。

（6）确定修理活动的先后顺序和优先级。

（7）确定修理位置，如果不是现场维修，就要安排救援车辆移至修理位置开展修理工作。

4. 战场损伤评估指导方针

按照这些指导方针可以快速评估战斗损伤装备、系统分析分系统（包括修理所必需的时间、人员和材料）是否受到影响。这些指导方针还可用于指导“装备修复分类”工作。装备修复分类指确定战场损伤装备接受修理的顺序的过程。制定该决策的主要依据是战斗情况或修理所必需的战斗保障装备、时间、紧急程度、物资和人员等因素。

部队应形成该组织制作的表格或检查目录，以保障批准的设备和部队维修结构。并派出指挥官授权人员在战场损伤评估基础上执行战场损伤评估与修复行动。需要说明的是，这些指导方针并不是一成不变的，可以根据需要进行调整。

表4－2　战场损伤评估指导方针核对表（样表）

系统评估概述 □判断损伤装备状态。 装备能否通过修复进行射击、行驶和通信？ 装备能否进行自我救援，被吊运或者被运输？ □检查发动机、运输系统、燃料系统、电气系统、车轮与悬挂系统、液压系统、装甲/弹药储存系统、战斗部/火力控制系统和通信系统，判断它们是否可以进行修复，确定有无其他限制因素。 □如果适用，检查消耗物资、备件、工具和国家库存编号。 □评估所需时间和人员。
车身损伤评估与修复 □记录适用的国家库存编号，用以替换和拆拼修理。 □检查发动机系统，例如：启动装置、油箱、进气系统、空气净化器、机滤、排水阀、驾驶辅助系统、轴和低油压系统。 □检查传动系统和主驱动系统的故障，例如：传动系统是否有偏移，是否有连接故障，车辆是否可以转向，主驱动系统是否锁死，传动系统是否有渗漏，刹车系统是否灵敏，油液冷却器是否可用。 □检查燃料系统，例如：油箱、输油管、机滤和油泵。

续表

□检查电气系统，例如：线束[①]、集电环[②]、电池、断路器[③]和配电箱[④]。 □检查履带和悬挂系统，例如：诱导轮、履带可调节连接、车轮臂、支撑滚轮、链轮、避震系统、扭矩杆、链齿扣等。 □检查液压系统，例如：油路、驾驶员控制系统和仪表等。
通信系统损伤评估与修复 □记录适用的国家库存编号，用以受控替换和拆拼修理。 □检查内部通信、接收器、发报机、天线、线缆、网络安全技术及其协议的可用性。
炮塔损伤评估与修复 □记录适用的国家库存编号，用以受控替换和拆拼修理。 □检查电气系统：炮塔电源、集电环、断路器、线束。 □检查武器系统：炮膛抽气装置、炮管、尾部、主炮炮架等。 □检查火控系统：指挥控制系统、瞄准观察系统、搜索跟踪系统、目标识别系统、横风传感器、布线系统、火炮控制手柄、炮身稳定系统、手动模式转换器、控制面板等。 □检查液压系统：辅助液压泵、液压填充液、储液槽等。

战场损伤评估与修复可以使装备能够恢复自我救援或继续执行任务的状态。战场损伤评估可以向指挥官提供指挥决策所需的必要

① 线束，指电线组件，通称“线束”，是电线、端子、套管、开关、熔断器、磁环等部件组成的一个组件。通常是按图纸、设计要求，把若干电线组在一起，线端配上端子的线束。车辆（其他需要配电线的设备一样）装配时，端子插到对应位置即可，提高装配效率。

② 集电环，也叫导电环、滑环、集流环、汇流环等。可以用在任何要求连续旋转的同时，又需从固定位置到旋转位置传输电源和信号的机电系统中。滑环能够提高系统性能、简化系统结构、避免导线在旋转过程中造成扭伤。

③ 断路器，指能够关合、承载和开断正常回路条件下的电流，并能关合、在规定时间内承载和回路条件下电流的开关装置。

④ 配电箱是数据上的海量参数，一般是构成低压电气接线，要求将开关设备、测量仪表、保护电器和辅助设备组装在封闭或半封闭金属柜中或屏幅上，构成低压配电箱。正常运行时，可借助手动或自动开关接通或分断电路。

信息（是继续进行战斗，还是将装备救援到维修地点）。

一定要及时报告战斗损伤情况，且根据当地的标准维修规程和有关手册规定上报损伤情况。

二、应急维修

在战场上，造成装备损伤的原因多种多样。敌火力打击造成的装备损伤约占到一半，而事故也是引起装备严重损伤的另一个原因。装备因过度使用和不正确维护保养，会使装备因为金属疲劳和部组件过早磨损而损坏。在战场损伤评估阶段，要对损伤情况进行判断是否需要战场损伤评估与修复或者需要救援。此外，在决定开展应急修复工作之前，一定要考虑战场条件。

在战场上，维修资产是沉重的负担。由于在战场上维修资源（人员、工具和零部件）有限，所以在开展战场损伤评估与修复时不能浪费维修资源。操作（机组）人员必须立刻在个人维修能力范围内执行应急维修，而不是申请维修人员来完成简单的任务。绝大多数应急维修措施都无法在现有技术手册中找到。灵活应变和创新思路，是成功开展战场损伤评估与修复的关键所在。

战场上的目的是将战斗损伤装备恢复到能够完成赋予其任务的战斗能力。战场损伤评估与修复，主要是修复受损装备“必需排除的”功能性故障，装备表面修复是对时间和资源的浪费。如果损伤装备的故障不影响其射击、行驶和通信，也不会产生严重的安全问题，可不必进行修复，等到任务结束后，返回维修地点再执行标准维修程序。

1. 战场损伤评估与修复工具和装备

根据战场损伤评估与修复工作需要，为机组人员和维修人员配备了基本配发件和专用工具箱。这些工具箱主要供机组人员、维修小组和维修人员使用。战场损伤评估与修复工具箱可以修复各种部位，例如油液、液压系统、冷却系统、电气系统和车身等。如果可能，应该先由机组人员使用工具箱、基本配发件和其他授权的工具清单或机载设备，完成战场损伤评估与修复。

2. 应急维修工作分类

全部应急维修工作的分类，都是以各种修理措施相关的风险等级为基础的。风险等级可以分为高、中、低三类。应急修复工作也可以分为临时性修复或永久性修复。无论是操作（机组）人员还是维修人员执行修复工作，具有资格的维修检查员能够决定是临时性修复还是永久性修复。

（1）如果应急维修工作会导致装备二次损伤或者引起人员受伤，分类为“高级风险”。例如：损坏的或故障的空档开关会使车辆发动机无法启动，对开关设置旁路将导致发动机在任何档上启动，这样的话有可能致使车辆损伤或人员伤亡。这种修复类型虽仅可能在极端紧急情况下出现，但要尽快利用标准维修予以纠正。

（2）如果应急维修工作可能会导致装备二次损伤，但是人员不会有风险，分类为“中级风险”。例如：如果散热器有孔洞就会导致散热剂泄漏。采用应急维修后，仍然没有足够的散热剂或水来完全填满冷却系统。由于过热导致发动机损坏，但是不会对装备舱内的人员造成危险。可低速运行设备，松开水箱盖，将损坏减至最小，并且要尽快填充冷却系统。

（3）如果应急修复工作不会造成装备二次损伤，也不会造成人员伤亡，分类为“低级风险”。例如：线束固定在车辆底盘上支撑切割线。在将线束绑在一起之后，应该恢复在电路中绝缘的线束。如果捆绑正确、做好绝缘，就不会对装备造成二次损伤，也不会出现人员伤亡。

3. 实施野战应急维修

操作（机组）人员应准备并提供初始损伤评估，并且报告给装备指挥官。操作（机组）人员需要描述装备损伤影响装备功能的状况，包含化学、生物、放射性和核辐射武器的沾染状况。如果损伤装备遭受或处于敌方炮火的危险中，可使用另外一部车辆对其进行救援，以撤回安全区域，操作（机组）人员应对装备状况进行评估，并且确定采取何种维修支援。

经过指导，机组人员可执行野战应急修复。通常情况下，在材料和工具的技术和可用性限制下，这些修复工作包括恢复火力、通信、装备机动性。机组人员还须使修复工具实现装备自我救援能力。如果修复超出了机组人员的能力，机组人员应根据部队标准维修规程申请支援。

装备指挥官要将操作（机组）人员的损伤评估结果报告给排长。排长将确定装备非机动性、失去火力及无法通信的主要原因。如果机组人员可以执行修复工作，装备指挥官将报告适当的风险修复等级、预计修复总时长，以及可以恢复的一系列功能。

如果需要，排长将根据指令，申请维修小组到达损伤装备所在地点进行支援。如果可能，排长还会向维修小组提供相关信息，使其携带所需要的修理用零部件、专业工具或者救援资产到达所在地点。

维修人员会对装备进行评估，确认操作（机组）人员的损伤评估报告的准确性，或者重新考虑修理方法。基于损伤评估结果，决定是采取现场维修，还是申请救援资产将车辆转移到维修点进行修理。所处的战场态势将决定是否需要进行现场维修或撤离。

维修小组将使用战场损伤评估与修复工具箱以及其他可用的野战应急材料开展维修工作。但是，如果当前作战形势允许，维修人员会采取标准维修，因为标准维修通常是最佳修理方式。

已损坏但仍可移动的装备可用来转移损毁装备。如果没有修复装备（并且作战形势允许），使用其他型号或者更重一级型号装备来救援损毁装备。

如果使用现有技术、工具可以执行全部关键修复，维修小组

（由机组人员协助）可执行现场修复。

如果装备无法进行修复，维修小组则负责：

（1）救援至维修集中点，进行后续的撤离。

（2）经指挥官批准，且与支援维修力量协调，可进行现场拆用。

（3）其他所需要的更换零件。

如果装备受到了污染，维修小组会在该车辆上做出适当污染标记，并且安排将该车辆移至污染清除点进行救援。

车体和金属部组件。保持车体的完整性至关重要，特别是在涉水作战期间以及面对化学、生物、放射性和核辐射武器威胁时更是如此。战场损伤评估与修复工具箱中的环氧树脂和聚合物可在车体出现小到中尺寸的孔时，保持其完整性。配套使用的还有机组人员和维修人员的战场损伤评估与修复工具箱中的其他工具。

液体管道工具和修复。两个工具箱中均有液体管道修复工具。软管夹、塑性胶带、铝箔胶带和弹性体，可用于修复低压橡胶软管。战场损伤评估与修复工具箱中含有修复液体管道所需的配件，这些配件可对低压到高压的管道进行修复。

渗漏的低压管道配件。修复渗漏的低压管道配件应该：

（1）使用线绳或碎布紧紧缠绕管道开口处。按照拧紧连接螺母的同一方向顺时针缠紧线绳。

（2）将连接螺母滑动至装备上，将其套在螺纹处，并使用扳手将其固定拧紧在包装带上。带子可作为密封垫，用于密封渗漏处。

战场损伤评估与修复工具箱中也有防粘胶带。防粘胶带可防止螺丝粘黏，但是多圈缠绕该胶带可用于密封损伤的开裂配件，并且有助于密封带螺纹的配件。战场损伤评估与修复工具箱中所含的高分子聚合物也可用于修复渗漏或损伤的配件，这是因为高分子聚合物能流入造成渗漏的细小缝隙。

低压油或燃料管道破裂。通常，低压油或燃料管道的破裂是由震动或有缺陷的金属造成的。如果发生这种情况，则利用线束固定，使用摩擦型胶带绑牢，阻止泄漏。线束有助于胶带承受压力，在进行永久性修复之前，通常可以起到阻止泄漏的作用。如果表面可以进行清理且可粘附，那么铝箔或电气胶带也可起到作用。

（1）清理管道表面，多圈缠绕橡胶性电气胶带以覆盖裂缝。

（2）多圈缠绕铝箔胶带。

（3）在缠绕铝箔胶带的管子周围缠绕线束或使用软管夹以加固修补。

另一个快速修复破裂管道的方法是使用一小段软管：

（1）软管内径等于破裂管道外径的加强软管。

（2）纵向分割软管。

（3）如果可用的话，在软管内侧涂抹密封剂。

（4）在泄漏处安装软管，并且分割位置处于泄露处的相反位置。

（5）使用软管夹固定泄漏部分。在进一步强化修补时，可能会用到其他软管夹。

战场损伤评估与修复工具箱中的聚合物也可执行这一修复。修补时应用聚合物可提供额外加固，或者在使用铝箔胶带之前，使用聚合物以保证更好的密封性。聚合物不需要空气进行固化，所以使用聚合物后，可立即使用胶带。

塌陷的易弯曲燃料管道。修复塌陷的易弯曲燃料管道应该：

（1）通过在铅笔上或略小于弹性管道内径的另一个物体上缠绕线束，用作燃料管道内部的支撑。

（2）将线圈从铅笔上滑出，并将其放入弹性管道中，使用外部结构支撑也可修复塌陷的易弯曲管道。

如果管道在燃料流动时塌陷，但在停止流动时恢复形状，则可采用下列修复方法：

（1）使用战场损伤评估与修复工具箱中的弹性体调节剂，清理管道外部。

（2）使用线束缠绕管道外部，但连续缠绕间隙至少为 1/8 英寸（0. 3175 厘米）。

（3）使用战场损伤评估与修复工具箱中的弹性体涂抹受影响的

全部区域，使其固化。弹性体会与易弯曲管道和绳圈粘合在一起，并且进行外部支撑，防止在未限制内部流动时发生塌陷。

如果流动停止时，管道不能恢复形状，则将管路从距离塌陷最近的源头上拆除，并在软管内侧插入一个物体，例如一支铅笔，以扩张塌陷的软管。然后，执行上文所述的修复工作。一旦弹性体已固化，应立即将该物体从软管中移除，并将软管重新连接到其原连接处。

电气工具和修复。操作人员和机组人员的战场损伤评估与修复工具箱中均含有电气修复工具。电气工具和消耗材料可以用于修复当前装备中的大量电气连接件。简单的电气修复可以通过电气胶带、导线连接器、16 或 22 规格的导线以及导线匝带等工具来完成。基本配发件中常见的钳子可充当切割器、卷边器、小断线钳以及电线剥皮。

在安装导线连接器之前，应在其内侧使用硅密封剂（在战场损伤评估与修复工具箱内），以密封连接位置，防止潮湿和腐蚀。

当电池缆线夹松动，且无法紧固时：

（1）拆除夹子，尽可能地洗净接线柱和夹子。

（2）将夹子放在一个平面上，使用锤子敲击。这样可以压缩导线，并关闭夹子内侧的开口。

（3）更换夹子并进行紧固。如果夹子仍然松动，则使用钉子或其他金属物体置于夹子和接线柱之间，作为楔子，使电池柱和电池夹子之间得以接通。

（4）松开夹子，在电池柱间插入楔子，并拧紧夹子。如果无法修复夹子，则使用战场损伤评估与修复工具箱中的电池夹修复。战场损伤评估与修复工具箱中的电池夹通常用于阳极电池柱，但是它们也可以完全匹配阴极电池柱。

轮胎修复。轮胎修复方法有两种。机组人员和维修人员的战场损伤评估与修复工具箱中都有轮胎修复工具。如果破洞是由于钉子或类似物体造成的小切口，使用该工具箱可以进行快速、高效的修复。这种情况下也会使用轮胎插销安装器。如果轮胎出现多个损坏切口，应使用 Belzona 2311 弹性体和强化胶带，对较大的损坏口进行修补。如果轮胎的损伤大于 4 英寸，则无法使用该工具箱进行修补。可以将轮胎安装在车辆上进行修复，但是，在执行修复工作时，轮胎的压力不得低于大气压力。

冷却系统修复。散热罐、油箱以及油罐出现的较大孔洞可使用环保塞进行修复。这些塞子可在应用金属塞和其他修补材料修补受损部位之前减缓泄漏。战场损伤评估与修复工具箱中包含的连接带，可作为替代品，代替风扇、交流发电机、气压机和其他带式驱动的发动机部件。可通过向泄漏散热器中倒入密封剂和更换散热器盖的方式，用来密封小针孔或小缝隙泄漏。鼓励部队人员将他们认为所需要的其他工具，添加到战场损伤评估与修复工具箱内。

泄漏的散热器或加热器软管。修补泄漏的散热器和加热器软管应该：

（1）冷却发动机，以便可以安全地处理软管。

（2）通过缠绕标准的电气或强化胶带，修补泄漏。

（3）在散热器内重新注入冷却剂，松开散热器盖。

（4）减速操作车辆，直至成功更换软管为止。

（5）战场损伤评估与修复工具箱内的聚合物和散热器封口机均可作为修补或加固的备选方式。

刺破的管式散热器内芯。当车辆在森林地带或战斗区域内行进时，散热器经常会被刺破。当发生这种情况时应该：

（1）切断冷却叶片，并将其从泄漏的管道中推出。

（2）将泄漏的管道切成两半，并将泄漏管末端折叠约 3/4 英寸（1.905 厘米）。

（3）使用钳子将管子末端压平直至闭合。

在切断几个管道之后，冷却系统的效率会降低，导致发动机过热。在进行野战应急散热器修复时要松开散热器盖，这样能够保持散热器压力，防止压力过高而破坏修复。将管道弯曲之后，使用机组人员及维修人员工具箱中的高强度聚合物工具覆盖受损的芯管。使用聚合剂之前，应确保受损部位干净，以确保粘合牢固。在正确使用这些产品并且产品已固化之后，再安装散热器盖。执行任何重大修复之后，均应添加散热器密封剂，确保较小孔洞密封完好。

风扇皮带损坏。当风扇皮带损坏且无法更换时，应对其进行修复或更换。修复损坏的风扇皮带应该：

（1）在损坏的皮带两端打孔，每个孔均穿插一根细线束或鞋带。

（2）固定线束或鞋带。

（3）替换具备足够张力的皮带，以驱动车辆配件。

替换损坏的风扇皮带应该：

（1）使用车辆防水帆布中的纤维绳或野外电话线。

（2）将线或绳围绕皮带轮缠绕多圈，尽可能拉紧，并打上平结。

在这两种情况下，均应低速运行发动机。这样可以防止替换的皮带损坏或丢失。战场损伤评估与修复工具箱中含有连接皮带，可以临时替换损坏的皮带。通过增加或拆除皮带上的连接可获得所需长度。

损坏的风扇叶片。损坏的风扇叶片会造成发动机震动，使其在操作过程中出现危险。

（1）如果风扇上标有相同编号的叶片等距，则拆除损坏叶片的剩余部分，然后去掉位于损坏叶片对面的叶片，车辆即可运行，但是要注意，不要让其过热。

（2）如果风扇上的叶片不等距，则整个风扇可以在轻负荷条件下短时间运行。修减损坏叶片对面少量的风扇叶片也有助于减少震动。

有缺陷的串联轮轴。如果串联轮轴的轴承磨损严重，或者车轮损坏，都会导致车辆发生故障，如果继续运行，会造成二次损伤。

（1）将出现轮轴故障的车轮移至岩石、土坡或其他类似物体上，尽可能地将车轮抬高。

（2）将车轮抬起之后，使用粗导线、棘轮带或拖车链尽可能紧地将轮轴绑到车架上。切勿使车链、轮带或者导线损伤闸线。

（3）如果车轮磨损严重，或者因为其他原因，车轮无法旋转，则将串联轮轴从轮轴架上拆除。

（4）用碎布塞住轮毂上的孔，以防止杂质进入。

（5）这种应急方法可使其他车轮进行驱动。将全部货物调整到非故障轮轴上，或者将货物转移到另外一部车辆上。

如果两个车轮均有故障，则轮轴的两端应采取相同的方法进行修复。由于轮轴的两端被捆绑起来，所以切勿使车辆负载过重。

有缺陷的差速器。如果 4 ×4、6 ×6 或 8 ×8 车辆的差速器出现缺陷，应拆除传动轴和驱动轮轴。例如，如果前、后差速器有缺陷且后传动轴已被拆除，则车辆仍可由前轮进行驱动。拆除轮轴后，应盖牢开口，防止灰尘和异物。

前轮轴刹车系统损坏。如果车辆前轮轴刹车系统损坏，应该关闭接线盒到轮轴的线路。如果排气系统发生损坏，应拆除或修复泄漏管道，在拆除的管道、旁路刹车部组件或者互连的刹车软管处安装塞子，防止漏气。这样做有助于驾驶员在刹车时保持转向控制，集聚压力以使后方刹车保持工作。

车轮部件受损。修复车轮、轴或车轮横臂损坏的车辆应该：

（1）将车辆停放在地沟周边。

（2）系紧车辆横臂，防止偏离。

（3）通过拆除扭杆的带帽螺钉和端塞以拆除扭杆，更换扭杆内的带帽螺钉。利用油罐的撬杠在螺丝头后面撬动带帽螺钉。

（4）在水平地面上调整车辆。

（5）拆除车轮。

（6）将油罐撬杠放在两个扭杆支撑架上，利用车辆帆布中的一条线缆，将车轮横臂连接到油罐撬杠上。

悬挂部组件受损。采用缩短履带应急方法，可使履带、后车轮横臂或滚轮受损的履带式车辆继续行驶。但是，车体不得影响缩短的履带。为了应用这种应急修复方法，需拆除与受损悬挂式部件相连的零件，例如后减震器、履带引紧器、车辆横臂以及扭杆。应用缩短履带应急方法之前，对适用的技术手册中所描述的方法进行核对。

缩短履带应急方法的目的是使部件出现故障或战斗损坏后，重新获得机动性。如果滚轮和 5 号、6 号车轮横臂受损，无法修复，那么可缩短履带至 4 号车轮。无论是否受损，都必须拆除 5 号车轮、车轮横臂以及扭杆，使履带缩短至 4 号车轮。如果可能，应该重新安装 6 号车轮，以提高车辆的稳定性。必须拆除足够的履带块，以便连接履带。

更换安全销。更换损坏的安全销应该：

（1）敲出安全销的剩余部分，将剩余部分切成两半，并将一根短木销插入两个半安全销之间。

（2）围绕轴缠绕摩擦型胶带，覆盖安全销孔，防止更换的安全销的末端脱落。

三、记录战场损伤修复

在任何时候，都必须记录每件装备开展的战场损伤评估与修复。记录过程须开始于最初进行战场损伤评估与修复的地点。美陆军在战场损伤评估与修复工具箱中添加美国国防部报表 DD 1577《不能使用的（报废的）标签装备》或定义了损坏、修复类型、修复人员以及修复日期的合适标签。标记装备旨在警示机组人员和维修人员已采取了应急修复活动，并且需要按照技术手册 TM 10/20 标准进行检查和修复。在紧急情况下不需要填写标签，但是应在方便的时候尽早注明修复的地点和类型。

在有些情况下，可能无法在车辆外侧修复处附加标签。已完成的标签可以置于装备记录簿/文件夹内或司机室的显眼位置。如果应急修复无法恢复全部功能，且一个或多个系统在降级模式下运行，则标签必须说明运行限制，及必须置于驾驶员和指挥人员区域内

（如果适用），以便提醒他们限制条件和注意事项。

应急修复也必须记录在美陆军部报表 DA 2404《设备检查及维护工作表》中。需要进行战场损伤评估与修复的故障须标注在 10c 一栏中，且 10c 和 10d 栏中标记“执行战场损伤评估与修复”的字样。如果使用电脑生成的报表 DA 5988 – E《设备检查及维护工作表》，则必须在表格右下角的纠正措施部分书写首字母缩略词“BDAR”。

四、报告战场损伤修复

全部战场损伤评估与修复活动都必须通过部队维修设备进行汇报。当报告战场损伤评估与修复活动时，要列明损伤的详细情况、采取的战场损伤评估与修复措施以及修复的成败。所有的细节都应标注在美陆军部报表 DA 2404 或陆军部报表 DA 5988 – E 中，并且要输入加强型标准陆军维修系统。战场损伤评估与修复活动也必须提交给“耐久性/脆弱性信息分析中心”。

战场损伤评估与修复报告文件提供了有价值的信息，可作为试验例子来证明理论，并且可用于开发战场损伤评估与修复训练系统和修订出版物。因此，需要确保所提供的全部信息尽可能详细和准确。

五、特殊作业环境

修复人员必须在极端天气条件和不同气候下接受培训，同其他机构执行救援行动。

1. 多机构行动的战场损伤评估与修复

军事部门期望部署一个多军种特遣部队机构。维修人员应与其他部队密切合作，共同利用工具和能力，以执行战场损伤评估与修复。虽然设备和条令存在差异，但是各部队具备很多相同之处，可以实现共享。海军工程部队、空军维修机构以及多数海军舰船都配备机械加工车间，并且有能力协助支持战场损伤评估与修复。应该进一步开展多机构先期协议，以利用机构之间的这种协调能力。西方国家之间也在开展同样的合作。北大西洋公约组织的多数武装力量都有根据标准化协议制定的战场损伤评估与修复计划。西方国家的工具、装备和技术多数都与美国类似。此外，一些国家使用美军的装备（特别是车辆），这些车辆可通过受控替换或拆拼修理，来为修理用零部件提供可能性来源。这些行动都需要事先得到友军国家或东道国的批准和同意。这些协议概述了可提供的战场损伤评估与修复或其他维修服务，以及获得支援所需的程序。

2. 极端作战环境下的战场损伤评估与修复

在某些环境下开展战场损伤评估与修复难度可能更大，例如，极端炎热、干旱或潮湿，以及极端寒冷或潮湿的环境。橡胶和塑料制品在极端寒冷的环境下容易变形、损坏。液体在极端炎热的环境下会膨胀，造成粘度过低和过于粘黏的情况。液体会乳化，减慢系统的运行。金属会膨胀，造成液压和润滑系统内的压力损失。例如，在修复期间，某些分子化合物（聚合物）在寒冷环境下可能需要更长时间来固化，但在炎热环境下固化则会非常迅速。对于这些极端条件来说，这些聚合物不是最佳的选择。《战场损伤评估与修复智能手册》（GTA 01 - 14 - 001）中对这些聚合物的最佳性能、使用限制以及应用方法进行了说明。

3. 战场损伤评估与修复训练

战场损伤评估与修复行动的成功，完全取决于个人在组织层面上所接受的训练水平。个人的多技能训练是部队的宝贵财富。部队指挥官往往强调和平时期的训练是战争时期取胜的关键。操作（机组）人员以及维修人员针对支援重要战斗装备的战场损伤评估与修复技能进行的交叉训练和在岗培训极为重要。火灾现场试验和评估已表明，无维修背景的人在最基础的训练后，能够掌握有效的战场损伤评估与修复技能。

部队指挥官必须开展维修训练，组织车辆操作（机组）人员以及战场维修技工按照 AR 750－1 和 ATP 4－33 有关规定进行战场损伤评估与修复救援训练。使个人和集体在训练中具备执行战场损伤评估与修复所需的技能。部队指挥官必须确定哪些军事职业、专业需要战场损伤评估与修复的知识。

陆军条例 AR 750－1 规定每年应进行一次战场损伤评估与修复训练。指挥官必须保证在每年的训练活动期间，设有低风险战场损伤评估与修复训练。操作人员和机组人员必须熟悉在指定装备上进行战场损伤评估的程序，熟悉战场损伤评估与修复工具箱内的工具，否则无法执行修复。

第四节　应急保障培训

应急保障培训是针对装备应急保障的需求，旨在提高部队装备应急保障能力而进行的专业训练，是军事培训的重要内容，是提高部队装备保障水平的关键方法。战场保障需求决定装备保障训练方式已成为美军装备保障训练的基本原则之一。美军之所以赢得数次局部战争的胜利，离不开“任务决定能力，能力决定训练内容”这一关键原则。美军认为装备保障是军队战斗力有效发挥的重要因素，其装备保障训练相关形式和训练方法极富特色，为美军各类任务的顺利开展提供了保障。应急保障培训作为装备保障训练的重要组成部分，受到美陆军充分的重视。

一、培训形式

随着联合作战日益成为现代战争的主要作战样式，美军通过多年实践发现，装备应急保障的训练必须依赖于教育训练的紧密结合，因此，美军不仅通过部队训练来进行，而且注重通过与院校教育的复合训练来进行装备应急保障的训练。

1. 部队实战培训

在长期的军事实践中，美军和北约军队一直把实兵演习作为检验部队战斗力、保障力的重要手段和最高形式。部队实战训练是总体力量准备十分重要的一部分，是提高部队战场保障能力的重要途径。

一是综合技能训练。为了满足联合作战对装备应急保障能力的要求，美陆军装备保障训练既强调单兵装备技能的训练，又注重单兵综合军事能力以及与其他力量联合保障能力的训练，切实加强联合作战环境下的装备综合保障能力。美陆军规定，包括装备保障人员在内的军人基础训练、保障分队战术训练，只有达标才能进行更高层次、更加复杂的专业训练。同时，针对装备保障分队执行任务时编制人数与保障任务之间的矛盾，美军推出了“装备多面手”的概念①。再者，针对环境对作战行动和装备应急保障产生的巨大影响，美陆军也开展沙漠、寒地、丛林等特殊环境的装备保障技能训练。最后，在现代局部战争中，装备保障部（分）队是整个作战体系中的薄弱环节，极易遭受打击，美军特别重视装备保障应急防护演练。

二是实装一体训练。实装训练使美军装备官兵体会在真实环境中的实装一体训练，再现陌生战场中的装备保障场景，更深切地体会到什么能做，什么不能做。战时装备应急保障能力是部队战斗力的重要组成部分，美军高度重视面向战时的野战条件下装备应急保障作业训练。例如，美国陆军注重提高装备应急保障受训人员在实

---

① Achery B. Combat sustainment support soldiers in special forces, Army Sustainment, 2012.

战环境下，利用已有的技能、设备和维修器材进行战场抢修的能力；陆军轻型师靠前保障营维修连的集体训练，注重突出野战条件下战场毁伤修复、维修控制、维修备件供应保障、直接支援维修等训练的强度和标准，并且对每项训练内容的实施步骤、注意事项都有相关的条令条例来规范指导。①

三是基地多维训练。基地化训练是依托训练基地或者训练中心组织进行的训练，是以规模化、集约化方式提高训练效益效果的重要手段。美军十分重视基地化装备保障训练，不仅在训练基地构建逼真的作战环境，最大限度地利用美军设施精良的基地资源，从严轮训装备保障力量，也利用训练基地基础设施齐全的优势，采用高新技术来模拟实战进行仿真训练，即采用专业模拟器、模拟训练系统和军事游戏等方式，创造出类似实战的环境，使受训者身临其境地参与训练。美军依据不同战场环境特点要求，针对未来可能遂行的作战任务，建成一批地形气候各异、任务特征明显、体系种类齐全的训练基地（中心），诸如岛屿作战训练基地、高寒山地作战训练基地和城市作战训练基地等，以增强部队装备应急保障实战化训练的逼真度。如美军寒区作战训练中心建有专门的装备修理场，提供给受训部队进行高原寒区特殊条件下的装备维修保障作业训练，以提升装备应急保障训练的适应性与针对性。

2. 院校教育培训

装备保障院校作为装备人才和智力的基地，是孕育新理论新技术的实验室，通过研究实战化训练产生的成果，能为部队训练提供指导借鉴。美军对装备保障人员的培养不仅采用了传统的军校教育训练方式，还充分吸收地方教育资源以及企业的管理经验，以实现对装备保障人员全面系统的训练。

一是军校教育训练。美军拥有陆军勤务学校、陆军后勤管理学

① 张景臣主编：《军事装备维修保障概论》，国防工业出版社 2012 年版。

校和国防采办大学等诸多完备的教育训练体系，各类军校教育训练使美军装备保障人员能够接受包括系统分析、器材筹措、研制、试验、鉴定和采购管理、器材维修保养、后方维修、器材统计管理和环境保护等装备知识培训，以使装备保障人员系统地了解装备知识，掌握管理技术及在装备管理中所需的现代分析技术。

二是军地融合训练。美军认为，装备保障人员综合培养需充分利用地方院校资源，加强院校交流培养，破除军兵种体系化教育模式和军地教育割裂模式，集中多方教育资源对美军装备保障人员实行联合培养。结合对装备保障人员的学习能力和知识积累的考察，在军队院校和地方优质教育院校的交流训练与因材施教方面，使美军装备保障人员能够形成系统完整的知识结构。另外通过军地教育训练有利于培养装备保障人员掌握最新的装备保障前沿理论、指挥控制能力、与实际紧密结合的技能。

三是校企联合训练。随着技术复杂性的不断提升，装备保障越来越成为一种包含多种专业的综合性工作，涉及科技、军事、经济、管理、商业、法律等多种知识。美国防部于 1992 年组建国防采办大学，加强对采办人员的专业化培训。目前国防采办大学设置各类课程 500 多门，大多数课程都与企业管理的实践经验密不可分。以国防采办大学合同管理学院为例，其主要课程包括合同管理、合同签订、定价、质量保证、工业制造、项目组合管理、应急采购合同管理七大方面，相关工作的对象都是企业本身，而相关管理理论大都来自于企业管理的实践。国防采办大学在课程内容上会吸收企业管理的成功经验，并反映出企业管理的最新做法，提高采办管理工作的专业性与有效性。此外，国防采办大学还高度重视案例教学，这也成为国防部引入和借鉴企业先进经验的重要渠道。

3. 分级复合培训

由于院校远离战场、战场感知能力较弱，人才培养目标往往滞后。因此，美军非常重视保障类院校和作战部队的人才交流。美军部队训练和院校教育分工合作，各有优长。部队训练接近战场，能够发现最合适的训练科目。而院校教育则能够将部队训练的相关内容进行升华，提炼出系统性的训练科目，用于院校开展装备训练，并在与部队进行交流的过程中实现科目的互通，促进院校部队紧密结合。

一是任职复合培训。新装备军官从被任命为少尉后到部队任职前，先被分配到相应兵种的技术院校接受为期 3—4 个月的任职训练，主要学习与本兵种专业有关的具体职责，结业后分配到装备部（分）队担任排级领导、副执行官或营级参谋军官助理，以获得部队指挥的经验，提升技战术素养。

二是中级复合培训。预备晋升为上尉的美军军官需在院校参加联合上尉专业课学习，课程分四个阶段，主要是为培养连指挥军官和完成多功能任务的营旅级参谋。上尉完成连级指挥岗位任职后，他们便可担任作战部队和装备保障部队的参谋。挑选出来的上尉军官到地方高级学校深造或担任陆军、联合、跨机构、跨政府部门参谋，以提升和拓展其对陆军和多职能作业的理解。在其服役的第九至第十二年间，拟晋升少校的军官应参加中级培训。该阶段以培养领导艺术为核心，重点放在勇士精神以及在跨部门机构内的组织指挥能力的培养。少校军官主要担任参谋职务，通常任职营保障行动军官、营执行军官、旅级（含）以上单位的参谋。

三是高级复合培训。装备保障专业中校军官主要担任保障旅、远征军保障部、战区保障部以及师、军、陆军和联合参谋部的主管参谋职务。挑选出来的一部分中校到营指挥机关任职。如果成绩优秀，随后就会被分派到陆军、联合部队、跨机构、跨政府部门或多国机构担任重要的参谋职务。部分军官还将进入高级勤务学院深造或参加后备干部培训。虽然在营部任职不是晋升上校的必要条件，但是增加了到旅部任职的可能性。上校军官主要任职于战役和战略参谋，在远征军保障指挥部、战区保障部以及军或军以上参谋部出任主管参谋和联合岗位。虽然没有具体明确哪些学习教育是晋升上校的必要条件，但是进入高级勤务学院学习或完成陆军战争学院远程教育课程的军官晋升到更高职务的可能性将会增加。只有少数人会被授予旅级部队的指挥权，且其在旅级单位的成就将会成为晋升准将的基础。

二、培训方法

培训方法是联接组训者与受训者、训练内容和训练环境的桥梁。美军历来强调装备保障培训方法的科学性，以使受训者在单位时间内掌握更多的训练内容，从而提高装备保障训练的效率。

1. 模拟仿真训练

模拟训练是实战化训练的重要手段，是指利用计算机技术、模拟技术等现代技术，创造出类似实战环境，使受训者身临其境地参与训练。美军多采用专业模拟器、模拟训练系统和军事游戏等方式进行装备保障训练，以保持一支训练有素、业务精湛的装备保障力量。

一是使用模拟器训练。专业模拟器训练多用于单人或多人的训练。美军大规模地运用模拟器进行这方面的训练。典型的专业模拟器训练一般是单人或多人操作武器系统的某一部分或者整体的复制品，拥有可重复使用、可进行虚拟环境模拟、不污染环境等特点。美军的 MTVR 驾驶员模拟训练器模拟化程度很高，往往让受训者感觉像在真正的车辆上一样。美海军陆战队使用的近战战斗战术训练器，是一个置于长 16.2 米的拖挂式货车中央的实物车辆，其前部有 180 度视野的显示屏幕，可实时显示补给车队行进、补给等各种情景。受训者能在相互通话和下达指示的同时进行集体训练。美军还运用先进数字模拟技术，用高仿真度模拟设备生成进行应急保障训练所需的 3D 场景、网络对抗、大气环境和昼夜环境等模拟效果。

二是使用模拟训练系统。模拟训练系统可以通过计算机对作战环境进行模拟，记录下受训者面对任务时的处置情况，并继续推演出后续状况，主要用于训练营以上装备保障分队的指挥官和参谋人员。由于系统能够模拟自然、政治、经济和社会环境，模拟敌我双方态势的混沌与不可预测性，因此不仅能够减少同等情况下开展实兵演习的耗费，还增加了训练的多样性，并可检验新条令和新装备。如美军目前使用的战斗勤务支援模拟训练系统，对受训人员进行机上训练。该系统可以模拟 9000 多个单位的标识，2000 多件武器，以及公路、铁路及空运情形，还可模仿职能范围内的标准陆军管理情报系统报告。

三是使用军事游戏模拟。模拟训练追求训练中的“沉浸感”，而军事游戏集声光电于一体，模拟的战场环境更加逼真，实战氛围更加浓厚，用于部队训练有着显著的优势。美军军事装备游戏的研制开发和训练应用相当普及，现已形成了完整的理论和实践体系。① 为加强和规范军事电脑游戏的开发与应用，美陆军在北卡罗来纳州组建了陆军政府应用公司，成立了官方专属的电脑游戏开发公司，甚至聘请了大批业内游戏设计和计算机编程专家，专门为军队开发用于指挥官和士兵培训的电脑游戏。《美国陆军：试验场》是一款第一人称射击视频游戏，该游戏的设计考虑了陆军价值观、士兵信条、团队合作、培训和完成目标等。游戏场景包括战斗演习和前线作战。玩家扮演 11B 步兵的角色，在格里芬联合训练中心（又名试验场）开展战斗演习，其城市地形军事行动训练环境使用 Conex 集装箱和当地材料等现有建筑快速组装而成。

2. 网络应急训练

美军多种条令都鲜明地指出了未来作战的四个显著特征：不确

① 吴耀武：《外军军事后勤游戏发展及启示》，2012。

定性、不断变化的节奏、竞争力和分散性。① 这种特性要求注重培养装备保障指挥管理军官和参谋人员适应分散性，能在充满不确定性和不断变化的节奏中迅速做出决定。为此，美军充分利用网络训练广域分布、交互性强、资源丰富等特点，对全球部署的装备保障部队实施训练。

一是采用分布交互式模拟训练。美军认为，功能单一的模拟训练系统，难以满足信息化条件下体系对抗训练的要求。为此，美军提出研发分布交互式模拟训练系统的构想。所谓分布交互式模拟训练，是指采取计算机网络技术，把分散在不同地点和相互独立的单个模拟训练系统或模拟器联接起来，组成一体化模拟训练网络系统，实现训练平台的一体化。为规范和统一模拟训练系统的研发，美国防部建模和仿真办公室颁布了“建模与仿真高级体系结构”标准，其目的是在统一标准的通用技术框架下，将现有的各类仿真系统进行更大范围的交互联接，从而实现分布交互式一体化模拟训练。如联合模拟系统和战士模拟系统等，都是以此为标准的具有装备模块的训练系统，可使受训者参与到联合作战行动中执行装备应急保障任务。利用此类系统开展装备保障训练，打破了时间、地域、编制体制产生的藩篱，满足了对包括装备应急保障人员在内的全体保障人员训练需求。

二是采用信息交流平台训练。美军建立的“持续保障知识网”是一个一体化的知识管理和协作平台，它将陆军全频谱作战行动中联合兵种保障任务的所有方面都联系起来，并提供快速提出、共享和回应关键知识需求的手段，以随时满足装备保障官兵的需要。联合兵种保障部参谋人员积极引导、参与、回应这些论坛提出的问题和意见。各个保障中心学校采取多种策略，以确保将初次接受军事训练的士兵们纳入“持续保障知识网”，作为他们“回顾”各自专

① James L. Hodge: The Army's Functional Concept for Sustainment, Army Sustainment 3 ~ 4, 2011.

业有关“事件”的一种手段。而参加职业军事教育的学员们也在课堂上积极利用“持续保障知识网”，以便与作战部队的同事们相互协作和学习。该网络还能使部门、部队、指挥官或教官跟踪学员的进度。采用这种方法，各保障中心不仅是训练与教育材料的集合体，而且可以确保全体士兵都能以标准化的格式受到相同的教学，而单个士兵不管在世界什么地方，只要他们需要，就能更新自己的技能。

3. 专项人员训练

实战训练是解决训练与实战脱节的关键手段，美军越战后确立“以实战为中心、以实效为重点”的训练模式，正是着眼实战的表现，因此美军基于现实需求和未来作战需求，开展针对性的专项装备保障训练，以打造适应战场的装备应急保障力量。同时，美军还对文职人员进行专项的装备应急保障训练。美军的许多装备应急保障工作是由文职人员承担的，对美军装备应急保障建设发挥了不可或缺的重要作用。以陆军装备文职人员的训练为例，每个进入陆军部装备管理培训计划的学员通常要经历两年左右的时间以达到永久性岗位能力要求。

一是军官领导基础课程。该部分训练主要是装备管理、装备供应和装备维修方面的训练。每一名装备管理学员要选择这三个课程中的一个进行训练，包括野外演习，目的就是能够亲身了解其服务的最终对象——战场上的士兵。同样重要的在于培养青年军官的团队意识和价值观。通过这种课程使军人和文职人员建立牢固的关系，并伴随其整个职业生涯。除了课程之外，装备管理学员还要接受补给、装备维护、运输等专业训练，以及人际交往、订立合同和质量管理等技能。

二是实地在职培训。每一名装备管理学员要亲自参与在陆军某个机构的在职培训，通常是在基地的后勤处。此外，学员还要在陆军以外的国防部机构（包括海军、空军和国防后勤局）进行在职训练，使其了解陆军与国防部基地装备保障机构的业务联系。由于招生规模逐年增加，训练设施也在随之扩大。文职后勤职业管理处正努力增加现有机构以外的训练地点，期望通过与国防部及其他机构的合作增加训练场地。

三是全球任务派遣训练。装备管理学员完成文职后勤职业管理处主办的 18 个月的正式训练，再分配到全球其他陆军机构。每个人成为学员之前都会签一份按军队需要派往任一地区服役的同意书。任务一般在调职之前维持五个月，再确定其随后派往的岗位。

三、维修连应急保障训练

美军在基层级连队设置了应急处置分队，主要是在现有的维修保障分队的基础上开展相应的应急保障训练。本部分以美陆军步兵第 1 师第 1 持续保障旅（现在也叫第 1 步兵师持续保障旅）第 541 战斗持续保障营第 1 维修保障连开展应急保障训练的全过程作为示例，介绍美军开展装备应急保障训练的基本流程。

美军应急处置任务的备战计划，跟其他任何分队级的训练计划没有不同。该计划需要一种封闭式的训练方案，即从单兵专业训练一直到班、排、连逐级合训，直至打造出可完成集体任务的过硬队伍。以训练为基础，一个连就可以以相对平稳的方式完成必要的资格训练，胜任执行应急处置任务。

为了准备承担应急处置任务，美军要求按常备军战备要求开展训练。应急处置部队的任务是打造一支 7 ×24 小时待命的部队。这支部队必须随时做好准备，接到警报后 24 小时内将官兵和装备投送到美国本土任何一个地点。部队到达任务地点后，必须在接到警报后 72 小时内达到具备处置各样情况的能力，包括恐怖分子袭击和自然灾害等。

应急处置训练的理想状态，是能够在一定的时间限度内，部署适量的人员，运用适当的专业技术，做出合理的应急处置。这四个目标使一支分队有能力辅助美国联邦应急管理局、国防安全合作局等联邦机构，以及本地和各州的民事应急机构，加速重建恢复的过程。

1. 军士专业训练

在接到正式命令编入联合特遣部队民事支援分队前的九个月开始，需要准备执行应急处置部队的任务，并在军士专业训练及连日常任务中，增加应急处置的内容。初期的准备工作便是军士专业训练，训练科目包括陆军部队在核、生、化、放、爆环境中作业所需要完成的单兵及班一级的军民通用任务。

绝大部分训练科目源自于训练出版物 21－1－SMCT《军民通用任务勇士技能士兵手册》。在准备期的头三个月，各排每周都要围绕这些任务组织开展各种各样的训练。在每个月的第三周，第 1 维修保障连通过组织低强度的训练，让维修军士全面提升其军事职业维修技能。

2. 作战训练中心轮训

美军第 1 维修保障连奔赴位于路易斯安那州的波尔卡堡联合战备训练中心参加轮训。轮训期间，该连的任务是给第 541 战斗持续保障营提供保障。全连在顺利完成任务的同时，树立了信心，减轻了内心的恐惧与焦虑。

在轮训时，维修保障连除了执行战场装备维修与抢修任务等日常勤务之外，还承担了一部分物资器材的保障任务，如供应第一类、第四类、第五类、第九类等物资。轮训使全连官兵认识到，维修保障连可以胜任多种任务，即在执行常规任务之外承担别的工作并非不可能。

3. 班排野外演训

该连连长利用班野外演训这个平台验收全连所有的班组，检验各班能否完成十一项训练科目，是否完全遵守部队指挥程序。另外，此举还有助于增强全班对班长的信任，增进班组内部的团结互信。

维修保障连在验收完所有的班组后，便把训练重点转移到执行与处置紧急事态相关的基本任务上来，如保卫指定区域和建立分队作战区域等。在该训练周期的后三个月，全连的压轴大戏便是组织排野外演训。

虽然维修保障连执行应急处置任务不需要全连官兵即刻采取初始防护措施，但凡是执行与处置紧急事态相关的基本任务时，如保卫指定区域，各排就必须按照相应规定建立各自的作战区域，具备应对核、生、化、放、爆环境下搭建帐篷、执行防护行动、执行排一级规模任务的能力。

4. 紧急部署战备演习

维修保障连最后三个月战备训练的重点，是完成分队部署与再部署工作所必须的基本流程，开展紧急部署战备演习来全面提升技能。紧急部署战备演习分成三级。第一级检验维修保障连在接到紧急事态警报后的部队集合能力，以及指挥程序。第二级检验维修保障连在接到通过 24 小时内，能否完成部队官兵与装备实际部署前的所有准备工作。第三级则检验维修保障连在 72 小时内部署到位并初步展开行动的能力。

在第一级演习中，维修保障连必须着手满足所有的部署需求，才有能力在接到通知 24 小时内实施部署行动。全连留存有一份官兵花名册及电话，随机发布警报，演练紧急集合流程，提升官兵战备意识，让全连官兵始终保持良好的战备状态。为此，第 1 维修保障连每周都要召开连长与排长必须参加的例会，检查全连官兵的相关状况，包括部队部署与重组跟踪软件、官兵备战处置需求、卫生防护系统、单兵数字化训练管理系统记录报告，以及分队人员登记报告、留守分队花名册、必要的法律简报、应急处置部队所需要的防疫情况等。虽然追踪每名官兵在各项任务中的表现工作量大，但是，可帮助连长细致了解全连官兵随时执行任务的准备完好率。

在第二级演习中，第 1 维修保障连准备前期部署所需的装备器材。维修保障连在车辆调配场将所有与执行任务相关的基本携行物资、维修零部件及装备预装进集装箱。有些装备，如第一类和第五类补给品则在接到通知后的 24 小时内领取。应急处置部队所配发的车辆在这一级演习中经过预防性维修检查与保养、质量核查与质量控制、机动操控性能检查等多道车况查验流程，确保所有车辆在部署前符合各类运输模式的需求。这些查验有助于维修保障连顺利完成各级紧急部署战备演习。

在第三级演习中，维修保障连每月组织一次紧急部署战备演习，并赴印第安纳州特伯利军营，参加联合特遣部队民事支援分队演习。该演习属于抗生化及辐射野战训练演习。尽管因参演时间已明确而不存在突然性，但是，通过参演，维修保障连可以实施第三级紧急部署战备演习，联合特遣部队民事支援分队可以检验维修保障连是否具备相应的装备维修保障能力，为应急处置部队完成相关的任务提供有力支撑。第 1 维修保障连的主要任务，就是做好轮式车辆及地面支援装备的维修保障，以及轮式车辆抢修工作。

5. 维修士官应急训练

第 1 维修保障连组织军士专业训练过程中，只是在每月的低强度专业训练中将维修保障作为重点内容。这是因为，该连在组织应急处置训练的同时，依然要承担野战级维修与抢修保障任务。所以，第 1 维修保障连必须保留其维修保障专业人员，不间断地为步兵 1 帅提供野战维修外部保障。其维修士官在训练时，必须兼顾双重任务的需要。为此，全连维修士官通过模仿在核、生、化、放、爆环境中进行车辆装备维修保障。这些专业士官在完成诸如维修、驾驶员培训、战斗救生员训练以及体能训练、任务支援等各项科目时都须佩戴防护面具。维修保障连通过配发标准作业装具，包括防毒面具以及三军轻型一体化高科技防护套服，使核、生、化、放、爆环境下备战的观念更深入全连官兵的脑海。

第五章　美陆军装备应急保障法规的启示建议

系统配套法规制度，是系统运行的根本保证和重要基础。为了更好地实施装备应急保障工作，美军将装备应急保障的原则要求、内容规程、风险规避、经验教训等固化升华为国家法律和军队法规，逐步形成层次清晰、相互配套、内容全面、日益完善的法规制度体系，使装备应急保障实践的各个环节、各个方面都有法可依、有章可循。但同时也需要注意到，美军的法规是不断变化和发展的，面对战争的预期和不断变化的需求，美军也在不断调整法规体系和内容，使之与军队改革的最新要求相匹配。本章将总结美陆军装备应急保障法规的主要特点，并结合我军当前装备应急保障法规体系的情况，提出切实可行的建议。

第一节　主要特点

美陆军装备应急保障法规体系经过不断的发展完善，积累了丰富的经验，具有鲜明的特色，主要体现在三个方面。

一、层级清晰，点面结合

美国各个层级的法规都有涉及装备应急保障的内容，表明装备的应急保障需求已经深度融入到美陆军装备应急保障的各个层面。美军重视装备应急保障法规的建设与完善，注重层级清晰、点面结合。

一是从法规体系来看。美军是装备应急保障的指挥者和用户，针对装备应急保障的需要，美国国防部及陆军部建立了多种相关的法规，是具体工作人员的案头工具书。如第一章所述，美国军民融合法规体系，可以分为三个层级：第一层级是国会制定的军事法律；第二层级是国防部制定的法规；第三层级是陆军制定的具体法规。每个层级的法律或法规其效力不同，下一层级服从于上一层级。国会所设立的法律或法令居于主导和支配地位，其他依次弱之。美陆军的装备应急保障规章均要符合国防部采办条例、指令/指示，国防部采办条例则要从属于联邦采办条例，而联邦采办条例的规定则必须遵循国会通过的采办法令的宗旨与目标。

二是从法规内容来看。国家法律、国防部法规、陆军法规都有对装备应急保障进行规范的法规，只是层级、内容、粗细有所不同。越高层级的法规，规定的涉及面越广，具体条文相对粗略；越低层级的法规，规定的涉及面越窄，具体条文相对细致，针对性强。从法律层看，比如《国防生产法》《战略和关键材料储备法》等，整体规范了装备应急保障的要求，将装备应急保障的规定体现在这些法律的条文和章节中。国防部颁布的法规，如《国防部供应链装备管理规程：作战需求》《战时合同保障》和《军用装备维修》等针对性更加具体，面向装备应急保障的主要领域。陆军制定的法规是根据国防部关于装备应急保障的法规要求，结合军种执行要求而进行的具体规定，具有更直接的操作指导意义，如《应急救援和战场损伤评估与修复》直接给出了在战场上对各种装备的应急救援与抢修流程。

三是从法规应用来看。法律适用于美国本土及其海外属地，不论机构和个人，都要受到联邦法律的约束；国防部负责管理军队和国防工业部门，领导全国与国防相关的职能部门，其法规既约束军队也约束国防工业部门；陆军部颁布的法规约束陆军的装备应急保障活动。

二、专项立法，突出实用

装备应急保障体现在具体工作的执行中，美陆军针对应急保障的重要领域进行立法，突出了装备应急保障重点领域的要求，实用性强。美国针对装备应急保障过程中亟待解决的问题或重要的专项活动，做出了具体规定或制定专门法律法规。针对应急采办、应急物流、应急救援、战场损伤评估与修复、应急合同商保障等关键环节与事项，建立了层级清晰、相互配套、系统全面的法规制度体系，有效发挥了法律法规的规范、保障和约束作用。

一是针对应急采办与应急物流。美军的物资采办统一由国防部后勤局负责指挥计划，国防部制定了《应急能力采办》《国防采办系统运行》等，用于规范在装备应急保障领域物资采办的标准、流程、相关人员的职责等。针对应急物流，美陆军颁布了《陆军运输行动》《陆军战区内船运系统》《补给保障机构运作》《使用基层级供应系统》等法规，详细规定了应急物资的运输流程、规范操作及各方职责。

二是针对应急救援和战场损伤评估与修复。美陆军颁布了《飞机抢修》《应急救援和战场损伤评估与修复》《攻击直升机战场损伤评估与修复》《战术轮式车辆战场损伤评估与修复》《战车战场损伤评估与修复》等文件，此类文件规定了陆军各种武器装备，在战场中遭遇故障和损伤时的应急救援与抢修程序，详细规定了可能遇到的各种故障模式及应急救援方案。

三是针对应急合同商保障。国防部颁布了《战时合同保障》，美陆军颁布了《战时合同商保障规划和管理》，从军队到合同商，从合同的签订、管理、履行、违约到合同商的核准、训练、部署、管理、赔偿；从合同商的信仰与安全到合同商的殡葬事宜等都做了规定。比如：美国国会《国防授权法》要求战场上的合同商都服从于《军事审判统一法典》的约束；DoDI 1300. 23《针对国防部文职人员和合同商的个人隔离训练》是对合同商进行某种训练的规定；DoDI 4145.26《国防部合同商对弹药与爆炸物的安全要求》对合同商的安全问题进行了具体规定，等等。

三、强调时效，推陈出新

按照美国对法规文件的规定，一般各项法规需要 5 年进行一次审核，看其是否继续适用；如果适用，更新时间后继续使用，如果需要修改则推出新版。美陆军装备应急保障法规也是按照这个时间进行更新。根据国际形势、战争情况、合同商应用、军事需求、工业发展等方面的变化，美军军民融合法规及时更新、不断修订、逐步完善。美陆军装备应急保障法规的调整更新主要有三种形式。

一是小幅修改。法规小幅修改就是在法规发布之后的较短时间内，法规内容有了一些小的变化，这些变化不足以使法规以新版面貌出现，因此，为了展现法规变动情况，美国采取了一个比较灵活的方式进行处理，即在法规封面右上角或者在法规签署页右上角印出“变化 1”，并列出具体时间。而原来版本的时间还在封面保留。用这些形式展现法规内容变化的例子比较常见。比如，美国防部于 2009 年 6 月 22 日颁布的国防部指示 DoDI 3020.50《私营安全合同商在应急作战，人道主义、维和，或其他军事行动、演习中的使用》，在 2011 年 8 月 1 日进行了第一次小幅修改，并在指示封面予以标示；美国防部于 2010 年 6 月 16 日颁布的国防部指示 DoDI 5505.15《国防部合同商公示计划》，在 2016 年 12 月 22 日进行了第二次小幅修改，并在指示封面予以标示；美陆军于 2017 年 10 月 6 日推出新版野战手册 FM 3－0《作战行动》条令，在 2017 年 12 月 6 日进行了第一次小幅修改，这次改动在签署页右上角出现，而封面上版本时间仍是 2017 年 10 月。

二是新版推出。这是美陆军装备应急保障法规更新最常用的形式。推出新版法规的时间间隔一般是几年。新版与旧版相比，内容一般都进行了大幅调整，以适应新的军事战略和作战样式。这种新版法规最突出的标志就是在签署页的左下角最后一行都要出现“本出版物用于取代编号××于××时间推出的条令”的信息。新版条令名字可以一样，也可以不一样，编号有时沿用旧版条令编号，有时是把几个条令综合到一起的而重新编号码，这时新条令就要取代好几个条令。例如，国防部指示 DoDI 3020.50《私营安全合同商在应急作战，人道主义、维和，或其他军事行动、演习中的使用》于2018年8月31日进行了最新修订，用于代替2009年6月22日版的DoDI 3020.50。

三是视情废止。法规视情废止，是美军根据新的形势和发展，将一些不符合当前情况的法规废除，或者按照新法规体系制定了新法规，旧法规也会被废除。这种视情废止的法规也比较多，例如：国防部指示 DoDI 1300.23《针对国防部文职人员和合同商的个人隔离训练》，于2003年8月制定，现已废除。DA Pam 715－16《合同商部署指南》于1998年2月制定，于2009年10月1日废除；AR 715－23《执行面向国外政府或组织之直接商业合同的合同管理服务》，于1983年10月制定，于2012年6月20日废除。

第二节　启示与建议

当前中国装备应急保障的法规建设还处于待完善的阶段，虽然美国是典型的英美法系国家，中国则受大陆法系影响较深，但是美国推动装备应急保障的政策法规体系建设中的有益经验值得借鉴，对中国构建完备的军民融合法规体系具有重要启示。

一、做好顶级设计，推进法规统筹规划

构建装备应急保障法规体系是在装备管理、研发、操作与使用

以及维修保障领域依法从严治军的客观要求，是我军正规化建设的重要组成部分，必须从部队建设发展全局统筹规划装备应急保障法规、制度的构建，做好顶层设计。

一是以我军军事战略为指导。我国军事战略牵引军事斗争准备的重点建设内容，其对于武器装备的研制与发展也具有引领作用。为此，在构建武器装备应急保障法规体系时，要充分考虑我军主要战略方向军事斗争的重点内容，围绕主要作战对手的战略战术和作战特点以及可能的作战环境，构建配套的装备应急保障法规体系。

二是与我军装备现状相一致。经过长期发展，我军的武器装备建设总体水平得到了质的跃升，陆军已基本实现机械化，空军“20家族”日益壮大，海军开启“下饺子”模式，火箭军打击能力提升明显，但是我军目前仍有大批技术含量不高的各型武器装备在役，为此，在构建装备应急保障法规体系时，更需通盘考虑装备现状，做好统筹工作。

三是涵盖武器装备全寿命周期。武器装备全寿命周期是指从装备立项论证到退役报废的整体周期，构建装备应急保障法规体系必须考虑武器装备全寿命周期的各个环节，目的是使全寿命周期内各个阶段的工作互相协调，彼此衔接，确保装备的战术技术性能、全寿命费用、研制部署周期和综合保障达到最佳的平衡和匹配。

二、逐层细化编修，完善法规覆盖范围

构建装备应急保障技术文件体系要坚持以提高和巩固战斗力为核心目标，把准任务牵引、保障急需、协调发展的工作思路，分步推进装备应急保障法规修编工作，确定好关键急需，划分好阶段目标，设计好推进步骤。

一是总部层面统揽全局。中央军委装备发展部是我军装备建设与发展的统帅部门，在总部层面要设计规划好统揽全局的武器装备发展计划、研发试验鉴定、采购管理、信息系统建设等全局性问题，

准确把握装备应急保障法规体系建设的总体目标、建设步骤、编制标准、相关内容等方面的总体设计。

二是军种层面注重管理。军种是构建装备应急保障法规体系的重要环节，军种装备业务部门是装备管理的重要职能机关，在军种层面要着重关注装备管理法规体系的构建，主要包括装备调配管理、装备技术保障管理、装备日常管理、装备安全管理、装备训练管理等方面相关规章制度和管理规范的建设。

三是部队层面突出实用。作战部队是构建装备应急保障法规体系的终端环节，其核心职能是始终保持部队装备的战备率、完好率、配套率，使部队装备随时处于齐装配套的完好状态，在部队层面要突出装备应急保障技术规范的实用好用管用的原则，提高装备操作使用、维护和修理的标准和效率，使部队装备随时处于良好的技术状态，保障部队作战、训练和其他各项任务的顺利完成。

三、顺畅反馈机制，实现法规及时更新

武器装备研发与使用是一个系统工程，涉及到军事科研机构、装备生产厂家、具体使用部队等多个部门，特定武器装备的后期升级与改造对于发挥装备的最大作战效能具有重要意义，因此在构建装备应急保障技术文件体系时应注重提高武器装备反馈渠道的效率。

一是顺畅反馈渠道。当前，往往是在质保期内部队可以联系生产厂家对武器装备进行维修保障，但在装备系统设计与功能改进方面的反馈渠道还不够顺畅，没有形成固定的反馈机制。构建装备应急保障法规体系时应重点考虑将装备研发机构、生产厂家和使用部队全部纳入装备使用与保障体系，进一步顺畅反馈渠道，提高装备的作战效能。

二是保证反馈时效。我军当前在装备使用与操作方面，使用部队的意见建议时常停留在部队层面，往往是使用部队向生产厂家、生产厂家向科研机构反馈意见建议后长时间得不到有效改进。构建

装备应急保障法规体系时应重点考虑规定使用部队向生产厂家和科研机构反馈意见建议的响应时效，在规定时间内做出回应，提高装备使用部队的反馈时效。

三是提高电子化率。当前我军装备应急保障法规以纸质版为主，《装备使用说明》《维修保障手册》《装备管理规定》等法规文件重新编修、分发均需要较长时间才能完成，往往落后于武器装备的研发、生产、使用与维修保障的实际需求，因此在构建装备应急保障法规体系时，应大力提高法规文件的电子化水平，指定专门机构根据实际需要快速进行修订与更新。

四、注重吸收借鉴，形成法规长效机制

吸收借鉴世界军事强国在装备应急保障方面的成功经验与失败教训，对于我军在装备建设领域少走弯路、实现弯道超车具有重要意义。在构建我军装备应急保障法规体系时，应注重吸收借鉴古今中外的经验教训，形成具有我军特色的装备应急保障法规编制、管理与修订的长效机制。

一是装备管理理念与时俱进。美军在武器装备管理理念方面有其独到之处，如美军提出并实施的基于性能的保障理念，基于性能的维修理念，美国空军实行的敏捷保障理念等，均有我军值得学习和借鉴之处。在构建我军装备应急保障法规体系时，应结合我军武器装备发展实际需求，科学借鉴其他军事强国的先进之处，构建具有我军特色的装备应急保障法规体系。

二是装备操作使用因地制宜。武器装备在需求论证、研制立项、生产设计等环节有时并不能充分考虑作战部队的实际使用需求，如：有的没有充分考虑使用地区环境、气候；有的没有充分考虑作战人员的操作使用；有的程序控制软件设计过于理想化等，需要使用部队根据自身实际情况因地制宜地提出改进意见，并结合实际情况进行修改完善。

三是装备维修保障各负其责。我军按新的编制体制运行后，装备体系更新换代频率加快，要求在装备应急保障法规制定领域要从转型重塑、创新发展的高度，对装备应急保障体系建设进行战略谋划，解决装备应急保障建设中存在的作业体系不合理、力量结构不科学、组织管理不系统、体系效能不突出等一系列矛盾问题，增强维修保障体系建设的针对性、有效性和系统性，确保部队成建制、成体系形成作战和保障能力。

附录 A　与美军装备应急保障相关的法律法规

一、与装备应急保障相关的军事法律

名　　称：《武装部队采购法》

现行版本：1948 年 2 月 19 日

内容简介：该法是美国国会第一次做出努力为国防采购提供一个综合的立法框架。《武装部队采购法》适用于陆军部、海军部、空军部、美国海岸警卫队和国家航空咨询委员会的所有采购、供应和服务的合同。1956 年，《美国法典》第 10 卷被制定成法时，《武装部队采购法》被废除。然而，《武装部队采购法》的大部分内容都被编入了新颁布的第 10 卷，编号为 10 U. S. C. §2301－2314。由于《武装部队采购法》被废除，提及《武装部队采购法》应被视为提及第 10 卷和其他法规中相应的条款。主要内容包括：合同类型，先期支付，正式招标形式、时间和公开程度，采购功能和职责，拨款分配等。《武装部队采购法》为《联邦采办条例》的制定奠定了基础。

名　　称：《国防采办队伍加强法》

现行版本：1990 年

内容简介：该法的出台将采办队伍建设纳入法制化轨道，对美国国防部和军种部相关部门的权限和职责，以及国防采办队伍的职业领域划分都进行了详细规定，对一项重要采办职位——合同签订官的具体资格要求规定明确，对合同签订官受教育程度规定更加具体，要求必须在会计、商业、财政、法律、合同、采购、经济、工业管理、市场营销、定量方法、组织与管理等学科中，至少在正规高等教育机构修完 24 个学分。其在上岗之前必须达到相应标准，如一时达不到则必须在任职后 24 个月内或部门采购执行官规定的时间内满足相应任职资格要求。如在这个时间内还未达到标准，就必须通过相应程序获取一个特权证书，否则必须离职。

名　　称：《国防授权法案》

现行版本：2018 年 6 月 7 日

内容简介：该法案每年都会颁布，主要是为下一财年国防生产建设等计划进行授权，如国防部的军事活动、部队建设、部队人力资源的重新编配以及其他目的。该法案分为三节，第一节是法案的简称，第二节是针对不同部门组织的法案和内容目录，第三节是国会的国防委员会。其中第二节是核心内容，包括四个部分：第一部分是国防部不同部门的授权；第二部分是部队的授权；第三部分是国家能源安全部门的授权和其他授权；第四部分是资金表。

名　　称：《国防拨款法案》

现行版本：2018 年 9 月 28 日

内容简介：《国防拨款法案》每年都会颁布，分类规定军事活动的拨款数额，包括国防科研与采购款项，共分九大类、六十二小类账目。在九大类中：Ⅰ类为军事人员费，Ⅱ类为使用与维修费，Ⅲ类为采购费，Ⅳ类为研究、发展、试验与评价费等。其中，Ⅲ类采购费包括十六小类账目，诸如陆军的飞机采购、导弹采购、武器与履带式战车采购、弹药采购，海军的飞机采购、武器采购、造船与改装，海军陆战队的采购，空军的飞机采购、导弹采购，国防部各业务局的采购，国民警卫队与预备队装备和《国防生产法》采购项目等。国防拨款中规定的采购费和科研费，其界线有时不太好截然划分，至少有 10%—15% 的重要计划项目可列入这两类中的任何一类。如工具制造、样机制造、生产工程和试验鉴定等项目需经常调整它们的类别。拨款法规定，计划项目按类拨款，国防部按其规定专款专用。但在实际工作中，由于军事需求或具体项目的变化，国防部有时需要国会追加拨款或在现有经费内调整计划项目。追加拨款要重新申请，另行审批。

名　　称：《战略和关键材料储备法》

现行版本：1979 年 12 月 29 日

内容简介：该法案是美国针对共同防御、工业需求、军事承诺建立战略材料供应储备的联邦法律。国会法案授权在美国大陆购买原材料、库存和库存的处理、周转。1939 年 6 月 7 日，美国第 32 任总统富兰克林·罗斯福通过了参议院第 76 届会议通过的法案，并将其立法为法律。第一部分是结果和目的。第二部分是稀缺物资的获取：总统的职权和指南。第三部分是构成国防储备的物资，规定了哪些物资属于战略和关键材料。第四部分是储备执行的权力，规定进行物资储备操作时的权限以及依据。第五部分是储备管理，主要规定了总统在战略和关键材料的储备管理中应该遵守的要求。第六部分是总统特殊处置权，即一些特殊情况总统可以对战略和关键材料采取的处置。第七部分是战略和关键材料的开发和研究，规定总统应该从各方面关注及支持战略物资的开发和研究。第八部分是国防储备交易基金，主要是设置该基金的目的、基金的作用以及基金如何使用等。第九部分是咨询委员会，规定咨询委员会的组成、职责、权力等。第十部分是向国会报告，规定总统每年在固定时间向国会报告战略和关键材料储备的相关情况。第十一部分是定义。第十二部分是战略和关键材料的进口。第十三部分是储备需求的两年期报告。第十四部分是开发国内资源。第十五部分是国防储备管理人员。

名　　称：《联邦采办精简法案》

现行版本：1994 年 10 月 13 日

内容简介：第一部分是合同的形成，包括竞争法则、诚实谈判、研究与开发、采购的抗议、政策和定义，以及其他问题。第二部分是合同的管理，包括合同付款、成本原则、审计和查阅记录、索赔和纠纷，以及其他各种问题。第三部分是特定服务和主要系统法规，包括主要系统法规、测试法规、特定服务的法律、民用航空预备队，以及其他各种问题。第四部分是简化采购的阈值，包括阈值的建立、采办中处于阈值或在阈值以下时不适用的法律、简化的采办流程、小型购买的程序、遵守修正案。第五部分是采办管理，包括军事采办、民用采办、飞行员项目，以及其他各种问题。第六部分是其他采办相关的问题。第七部分是小企业和社会经济法律，包括小企业法律、社会经济法律、放弃对志愿人员适用现行工资规定的要求。第八部分是商业项目，包括定义和规定、军事采办、民用采办、一般采办。第九部分是联邦采办计算机网络。第十部分是有效日期和实施。

二、与装备应急保障相关的国防部法规

名　　称：DoDM 4140.01《国防部供应链装备管理规程：作战需求》

现行版本：2014 年 2 月 10 日

内容简介：国防部手册 DoDM 4140.01 系列中关于作战需求的指导手册，规定了处理国防部供应链作战需求的管理规程。本手册共分两章：参考文献、规程。该手册包含的重点内容如下：（1）供应链策略：手册规定了国防部各部门、供应保障提供者在保障作战需求时所实施的策略方法。（2）供应链流程：手册规定了国防部各部门通过执行需求和供应计划、装备采办、管理分配等流程来执行

供应链装备管理。（3）供应链业务实践：手册规定了国防部各部门通过采用业务实践流程和技术，例如企业资源计划、自动识别技术、自动规划系统等，提供最优化装备和勤务，并提高国防部供应链性能。本手册适用于国防部长办公室、军事部门、参谋长联席会议主席办公室和联合参谋部、作战司令部、国防部监察长办公室、国防机构、国防部外勤机构以及国防部所有其他机构（指的是本卷中“国防部各部门”的全体机构）。

名　　称：DoDM 4151.22 – M《以可靠性为中心的维修》

现行版本：2018 年 8 月 31 日

内容简介：国防部手册 DoDM 4151.22 系列中关于以可靠性为中心的维修的指导手册，规定了以可靠性为中心的维修指南。本手册共分两章：参考文献、以可靠性为中心的维修。手册包含的重点内容如下：（1）职责：手册规定了负责后勤和装备战备完好性的国防部助理部长、军事部门部长和国防部机构与国防部野战机构主任对于以可靠性为中心的维修管理职责。（2）以可靠性为中心的维修：手册规定了以可靠性为中心的维修的目的、概念、效益，以及其与增强型基于状态的维修 CBM^+ 和系统工程之间的关系。（3）以可靠性为中心维修的关键要素：手册规定了项目管理、维修分析、预测故障、预定恢复和报废任务、故障检测任务等以可靠性为中心的维修的关键要素，其中维修分析包括以可靠性为中心的维修过程、功能、功能性故障、故障模式、故障效应、故障后果，以及维修任务和间隔。（4）以可靠性为中心维修的项目管理要素：详细阐述了以可靠性为中心维修项目应考虑的管理要素，包括分析范畴、规则和设想、人力因素、训练与鉴定、投资需求和数据来源。（5）以可靠性为中心维修的项目维持：给出了完成初始项目分析后应采取的维持措施，包括需求识别的改进、项目成功率度量、数据搜集和需求报告撰写。（6）基于性能的产品保障环境下的以可靠性为中心的维修：手册规定了以可靠性为中心的维修是基于性能的产品保障之关键要素。本手册适用于国防部长办公室、军事部门、参谋长联席会议主席办公室和联合参谋部、作战司令部、国防部监察长办公室、国防机构、国防部外勤机构以及国防部所有其他机构（指的是本卷中“国防部各部门”的全体机构）。

名　　称：DoDD 4151.18《军用装备维修》

现行版本：2018 年 8 月 31 日

内容简介：国防部指令 DoDD 4151.18 用于代替 1992 年 8 月 12 日版的 DoDD 4151.18，是美国国防部关于装备维修的总体政策规定。本指令共分四个主要部分：重新颁布和目的、适用性、政策、职责，其中政策是该指令的核心内容。该指令包含的重点内容如下：(1) 规定的装备维修政策适用于军队自身的维修也适用于合同商维修，对象包括武器系统、硬件、设备、软件和以上对象的组合。(2) 规定了装备维修所需遵循的基本原则和联邦法律。(3) 规定了对装备初始维修项目的管理需要与装备采办项目同步，在装备设计的初期开展故障模式影响分析并确定修理级别，确定基地级核心维修能力需求，规定必须在装备部署四年内形成基地级核心维修能力。(4) 在装备寿命周期内，考虑到维修的灵活性、增加使用可用度并降低寿命周期费用，装备的维修项目应该根据情况进行周期性调整。利用维修工程技术，确定军队自身维修、合同商维修和军种间维修的最佳组合方式。(5) 规定了国防部各级别应该进行有效的信息管理，给出了采用商用信息类货架产品的参考建议，信息类产品需要符合国防部业务信息系统体系的要求。(6) 国防部相关部门每年核算基地级维修能力利用率，降低基地级维修产能的浪费。通过“国防部长维修奖”奖励那些在维修工作中做出突出成绩的单位。本指令适用于国防部长办公厅、军种部、参谋长联席会议主席、作战司令部、国防部督察长办公室、国防局、国防部现场活动机构，以及隶属国防部的所有其他组织实体。

名　　称：DoDD 5000.71《快速满足作战指挥员紧急作战需求》

现行版本：2020年5月29日

内容简介：该指令规定了紧急作战情况下联合快速采集单元主任、国防部副部长（负责采办、技术和后勤）、国防部副部长（审计长）/国防部首席财务官、负责政策的国防部副部长、负责人事和战备的国防部副部长、负责情报的国防部副部长、作战测试评估主管、成本评估和项目评估主管、军事部门的秘书、参谋长联席会议主席、作战指挥官、联合简易威胁防御组织主管的主要职责。

名　　称：DoDI 4140.01《国防部供应链装备管理政策》

现行版本：2019年6月3日

内容简介：国防部指示DoDI 4140.01描述了国防部在供应链装备管理中的基本政策、职能和程序。本指示分为正文和附录。正文内容包括：目的、适用范围和政策。附录内容包括：术语、职责和规程。该指示包含的重点内容如下：（1）正文部分给出了关于国防部供应链装备管理的基本政策说明。（2）规定将原有的九部国防部手册内容纳入到新版国防后勤手册。（3）规定了国防部各部门在国防部供应链装备管理中的职责，包括负责采办、技术和后勤的国防部副部长，负责后勤和战备完好性的国防部助理部长，负责国防研究与工程的国防部助理部长，国防采购和收购政策处处长，国防后勤局局长，军事部秘书长，国防部门主管的具体职责分工。（4）规定了国防部供应链装备管理所遵循的基本规程，包括十一个方面的规程：业务要求、供需计划、装备采购、装备生产和维护、装备交付、装备退回、保留和处置、支持技术、装备数据管理和交流、装备项目管理、特殊要求、安全关键项目和受控的库存项目。本指示适用于国防部长办公厅、参谋长联席会议以及联合参谋部主席办公厅、作战司令部、国防部督察长办公室、国防局、国防部现场活动机构，以及隶属国防部的所有其他组织实体。

名　　称：DoDI 3020.41《战时合同保障》

现行版本：2018 年 8 月 31 日

内容简介：国防部指示 DoDI 3020.41《战时合同保障》用于代替 1990 年 6 月 23 日发布的版本，是美国国防部关于战时合同保障的总体政策规定。本指示共分八个主要部分：目的、适用性、定义、政策、职责、程序、信息收集、生效日期，其中政策和程序是该指示的核心内容。该指示包含的重点内容如下：（1）规定了战时合同保障行动的适用范围，具体包括规划、问责、可视性、部署、防护和重新部署要求。（2）规定了合同商通常应负责提供自己的后勤保障，但是在严峻、不确定及敌对环境中，国防部可提供后勤保障，以确保基本合同商服务的持续性。（3）规定了合同官签订国防部战时保障合同的要求。（4）规定了高度敏感、机密、密码和情报项目和计划的合同，应在可行的最大程度上执行本指示。本指示适用于国防部长办公室、军种部、参谋长联席会议主席、作战司令部、国防部督察长办公室、国防局、国防部战场活动机构以及隶属国防部的所有其他组织实体。

名　　称：DoDI 4151.22《装备维修中使用的增强型基于状态的维修》

现行版本：2020 年 8 月 14 日

内容简介：国防部指示 DoDI 4151.22 系列中关于增强型基于状态维修的指导条令，规定了执行增强型基于状态的维修的程序。本指示共分三章：参考文献、指南、职责。该指示包含的重点内容如下：（1）增强型基于状态的维修：规定了增强型基于状态维修的定义，即适当过程、技术和基于知识的应用和集成，以取得部件在其寿命周期内可用性、可靠性和保障成本。（2）执行增强型基于状态的维修的作用：详细阐述了有效执行增强型基于状态的维修之作用，包括增强维修效率和有效性、制定综合预测性维修方法、提高装备可靠性等。（3）国防部各级领导者职责：规定了负责后勤和装备战备完好性的国防部助理部长、负责采办的国防部助理部长、负责研究与工程的国防部助理部长、军事部门部长和国防后勤局局长的职责。本指示适用于国防部长办公室、军事部门、参谋长联席会议主席办公室和联合参谋部、作战司令部、国防部监察长办公室、国防机构、国防部外勤机构以及国防部所有其他机构（指的是本卷中“国防部各部门”的全体机构）。

名　　称：DoDI 3020. 50《私营安全合同商在应急作战，人道主义、维和，或其他军事行动、演习中的使用》

现行版本：2018 年 8 月 31 日

内容简介：国防部指示 DoDI 3020. 50《私营安全合同商在应急作战，人道主义、维和，或其他军事行动、演习中的使用》用于代替 2009 年 6 月 22 日发布的版本，是美国国防部关于私营安全合同商的政策规定。本指示共分八个主要部分：目的、适用性、定义、政策、职责、程序、发布范围、生效日期，其中政策和程序是该指示的核心内容。该指示包含的重点内容如下：（1）规定了国防部和国务院应建立适当的程序，来协调私营安全合同商人员的选择、培训、装备和行为；（2）规定了作战指挥官应针对其责任范围内的作战环境，提出具体的私营安全合同商指南和程序；（3）规定了相关任务主管负责为非国防部私营安全合同商及其人员制定和发布执行指令；（4）规定了与私营安全合同商签署情报活动保障合同的合同官应尽可能遵守本指示，并符合适用法律、行政命令、总统指令、条例和国防部政策的相关规定。本指示适用于国防部部长办公室、国务院、军种部、参谋长联席会议主席、作战司令部、国防部督察长办公室、国防局、国防部战场活动机构以及隶属国防部的所有其他组织实体。

名　　称：DoDD 5000.01《国防采办系统》

现行版本：2018 年 8 月 31 日

内容简介：国防部指令 DoDD 5000.01《国防采办系统》用于取代 2003 年 5 月 12 日发布的版本，是美国国防部关于国防采办系统的政策规定。本指令共分六个主要部分：目的、适用性、定义、政策、职责、生效日期，其中政策是该指令的核心内容。该指令包含的重点内容如下：（1）规定了国防采办系统是为了实现国家安全战略，对美国武装部队所需技术、项目和产品的投资进行管理。国防部投资战略不仅需要支持现在的部队，还需要支持未来的部队。（2）规定了国防采办的主要目标，是以公平合理的价格，改进作战保障任务完成能力，获得满足用户需求的优质产品。（3）规定了适用于国防采办系统的政策，具体包括：灵活性、响应性、创新性、记录性，以及及时有效管理。（4）适用于国防采办系统的其他政策。本指令适用于国防部长办公室、军种部、参谋长联席会议主席、作战司令部、国防部督察长办公室、国防局、国防部现场活动机构以及隶属国防部的所有其他组织实体。

名　　称：DoDI 5000.02《国防采办系统运行》

现行版本：2018 年 8 月 31 日

内容简介：国防部指示 DoDI 5000.02《国防采办系统运行》用于取代 2017 年 1 月 7 日发布的版本，是美国国防部关于国防采办系统运行的政策规定。本指示共分六个主要部分：目的、适用性、政策、职责、程序、生效日期，其中政策和程序是该指示的核心内容。该指示包含的重点内容如下：（1）规定了国防采办执行官、重大国防采办执行人、国防部各部门主官、军种部长以及军种参谋长的职责。（2）规定了国防采办系统运作的相关程序，具体包括：国防采办、需求与预算过程的关系、采办过程决策点与阶段性内容，以及其他程序和指南。（3）规定了采办项目类别和合规性要求。（4）项目管理方法。（5）系统工程方法。（6）研发测试与评估。（7）作战/使用测试与评估。（8）寿命周期保障。（9）人机系统集成。（10）经济可负担性分析与投资约束。（11）备选方案分析。（12）成本估计与报告。（13）适用于 IT 项目的要求。（14）应急能力采办。（15）国防采办系统的网络安全。本指示适用于国防部长办公室、军种部、参谋长联席会议主席、作战司令部、国防部督察长办公室、国防局、国防部现场活动机构以及隶属国防部的所有其他组织实体。

三、与装备应急保障相关的陆军行政管理出版物

名　　称：《后勤援助》

现行版本：2017 年 3 月 23 日

内容简介：美国陆军条例 AR 700 系列“后勤”中后勤援助领域的指导条例，规定了陆军后勤援助计划的基本政策，并概述了其组织结构。本条例共分五章：简介、后勤援助人员的预算程序、后勤援助需求、美国陆军装备司令部全球后勤援助计划、合同商援助。该条例包含的重点内容如下：（1）陆军各级别后勤援助职能：规定了从陆军部到下属部队各级指挥部及其领导者及参谋对于后勤援助的管理职责；（2）后勤援助计划的目的和作用：详细阐述了后勤援助计划的目的和作用，旨在协助指挥官和联盟部队司令部，提高和维持现役陆军、陆军国民警卫队和美国陆军预备役的装备系统与后勤保障的战备性和完好性；（3）后勤援助人员的管理：规定了后勤援助人员的管理主要包括人员训练、分配和控制；（4）陆军后勤援助需求：列明了后勤援助计划平时人力需求及其因素、特殊短缺或应急援助需求、非常规援助需求，以及对外军售；（5）美国陆军司令部全球后勤援助计划：规定了后勤援助计划的文件、基本保障、结构和职责区域；（6）合同商工程与技术服务：明确了合同商工程与技术服务的主要内容。本条例适用于现役陆军、陆军国民警卫队和美国陆军预备役 C、D 和 E 级司令部。

名　　称：《美国陆军装备的供应》

现行版本：2020 年 8 月 29 日

内容简介：美国陆军条例 AR 700 系列“后勤”中陆军装备供应领域的指导条例，规定了当前陆军供应的政策和程序。本条例共分十章：概述、计划管理大纲、技术文件、包装编码分类、初始储存管理、供应预算、采办管理、项目清单、装备供应程序、应急保障等。该条例包含的重点内容如下：（1）陆军各级别装备供应职责：规定了陆军各部门领导者对于装备供应的职责，包括国民警卫局局长对于装备供应的职责。（2）陆军装备供应项目：规定了装备供应的综合后勤保障、供应计划与安排、阶段性供应、供应审查与评估。（3）陆军装备供应保障产品管理：规定了保障产品的筛选、选择、编码、编目等，详细阐述了多种代码，包括（供应）来源、维修性和可修复性代码、非军事化代码、重要性代码、受控库存产品代码、产品管理代码和采办方法代码/采办方法后缀码。（4）陆军装备供应管理：详细阐述了陆军装备供应的相关政策和管理措施，包括初始储存政策、采办管理政策等。（5）供应预算与投资：给出了陆军装备供应的预算与投资管理，包括特殊工具和测试装备的预算与投资管理。（6）陆军装备保障项目列表：给出了陆军装备保障项目的多个列表，包括修理用零部件和特殊工具列表、最终产品列表，以及其他授权列表。（7）加速供应管理：规定了开发项目和非研制项目加速供应的程序，加速供应管理目标和供应问责。本条例适用于现役陆军、陆军国民警卫队和美国陆军预备役 D 级司令部。

名　　称：《陆军后勤的战备完好性和可持续性》

现行版本：2018 年 4 月 23 日

内容简介：美国陆军条例 AR 700 系列“后勤”中陆军后勤的战备完好性和可持续性的指导条例，规定了陆军装备实际状况和执行任务能力的政策、职责和程序，并规定了装备的战备完好性和可持续性分析的政策和程序。本条例共分六章：简介、基本情况、现有飞机数量和保障能力及飞行时间、导弹装备情况［装备情况报告CSGLD－1864（修改版1）］、检测和修复能力、装备维修性评估与分析等。该条例包含的重点内容如下：（1）陆军各级别实施后勤评估计划的职能：规定了从陆军部到下属部队各级指挥部及其领导者对于实施后勤评估计划的职责，也包含了预备役和国民警卫队领导对于实施后勤评估计划的职责。（2）陆军后勤的战备完好性和可持续性报告：规定了后勤的战备完好性和可持续性报告，包括基本情况报告、现有飞机数量、后勤能力和飞行时间的报告，以及导弹装备报告。（3）战备完好性和可持续性缺陷的检测与修复：详细阐述了战备完好性的缺陷及其解决办法，包括采用后勤情报文件、维修援助与指导小组计划、后勤援助项目等。（4）后勤可持续性评估与分析计划：规定了后勤可持续性评估及其他陆军后勤维护和维护性分析，包括使用计划、应急计划和功能计划的后勤评估工作。本条例适用于现役陆军、陆军国民警卫队和美国陆军预备役A、B、C、D和E级司令部。

名　　称：《国家级以下的供应政策》

现行版本：2008年3月28日

内容简介：该条例规定了美国陆军国家层面以下的供应保障政策，包括供应保障单位的职责、信息系统的使用、库存管理、供应管理方式等。本条例共分六章七个附录。章节内容包括：概述，基层级供应，直接支援和全般支援保障活动，面向设施、美国财政办公室、战略通信设施及编制表的供应保障，军保障司令部和战区保障司令部，战区陆军层次的供应管理。附录内容包括：参考文献，供应纪律大纲，石油质量监督和技术辅助设备大纲，石油资源恢复、循环再利用和处废大纲，石油产品销售，收据保管规程，陆军参谋长卓越供应奖。该条例包含的重点内容如下：（1）规定了陆军各个级别负责人在供应管理方面职责。（2）规定了各层级（基层级、直接支援级、全般支援级、军指挥部、战区保障司令部、战区）供应管理任务和具体工作，包括资产登记管理方法、库存管控（供应标准计算、申请、仓储、库存盘点、发放、回收、维修、运输等）、油料管理、弹药管理、战时供应管理政策和非战争军事行动供应管理等。(3）本条例的附录明确了供应纪律管理规定和卓越供应奖，说明了有关石油产品供应中的质量管理、利用、处废和销售等管理方面的问题。本条例适用于陆军现役部队、陆军国民警卫队和美国陆军预备役部队 A、B、C、D、E 级别的司令部。

名　　称：《类型划分、物资发放、部署和转移》

现行版本：2020 年 2 月 26 日

内容简介：美国陆军条例 AR 700 系列“后勤”中类型划分、物资发放、部署和转移的指导条例，规定了陆军部对于类型划分、物资发放、部署和转移的相关政策和职能。本条例共分六章：简介、职责、类型划分、物资发放、物资部署、物资转移和替换装备部署。该条例包含的重点内容如下：（1）类型划分、发放、部署和转移的物资：详细阐述了本条例管理的物资以及修改、更新和重购物资的类型划分和发放，包括非消耗性装备、高密度军事消耗品、联合开发装备、商业医疗装备等。(2）陆军各级别物资管理职能：规定了从陆军部到下属部队各级指挥部及其领导者对于陆军物资的管理职责，也包含了总工程师、项目管理人员等个人对于陆军物资的管理职责。(3）陆军物资类型划分：规定了陆军物资类型划分的相关政策、分配措施和划分要求，并详细阐述了物资类型划分标识，包括标准、限制性采购和已废弃三种。(4）陆军物资发放：详细阐述了陆军物资发放流程、相关政策、发放授权、四种物资发放类型（全部物资发放、有条件物资发放、紧急物资发放和训练物资发放）及其要求和行动、软件物资发放和软件发放、物资发放跟踪系统。(5）陆军物资部署：规定了物资部署的相关政策，详细阐述了全包部署的流程、初始分配、物资部署分队等信息。(6）陆军物资转移和替换装备部署：规定了替换装备的转移、部署、投资、计划和训练。

本条例适用于现役陆军、陆军国民警卫队和美国陆军预备役 C、D 和 E 级司令部。

名　　称：《战时合同商保障规划和管理》

现行版本：2017 年 5 月 24 日

内容简介：美国陆军条例 AR 715 系列“采购”中战时合同商保障规划和管理的指导条例，规定了规划和管理战时合同商保障的政策和职责。该条例包含的重点内容如下：（1）陆军各级别战时合同商保障规划和管理职能：规定了从陆军部到下属部队各级指挥部及其领导者对于战时合同商保障的规划和管理职责。（2）战时合同保障计划：规定了多种战时合同保障计划，包括合同保障集成计划、合同商管理计划、人员集成和同步、陆军和联合集成计划、联合合同司令部和协调，以及风险评估和重要合同商服务延续。（3）预先部署考虑因素：详细阐述了多种预先部署因素，包括合同商人员问责和部署准备数据、人员恢复、国防部计算机系统存取等。（4）部署、接收、前送和再部署考虑因素：给出了部署、接收、前送和再部署的考虑因素，其中再部署考虑因素包括政府提供和合同商采购的设备、遗留在作战区域的设备等。（5）战区内合同商和合同管理主要措施：规定了战区内合同商和合同管理的主要措施，包括合同授权和监督、法定权利和处罚、合同商人员监督、移动控制、人员问责等措施。（6）政府提供的保障：给出了政府提供的多种保障，包括经批准的保障、战区内部运输保障、医疗保障、人员抢救、丧葬事务、邮政服务等。本条例适用于现役陆军、陆军国民警卫队和美国陆军预备役 C、D 和 E 级司令部。

名　　称：《陆军装备维修政策》

现行版本：2019 年 10 月 28 日

内容简介：美国陆军条例 AR 750 系列“供应品和装备维修”中的顶层条例，规定了陆军装备维修的基本政策。本条例共分十章：

简介、职责、维修政策与组织架构、维修作业、基地级维修、各类装备维修政策、寿命周期维修保障、维修项目、装备复原、留守装备。该条例包含的重点内容如下：（1）陆军维修管理体制：规定了美国陆军实行两级维修体制，包括野战级维修和持续支援级维修。野战级维修指在装备使用现场执行的维修工作，维修后直接将装备交还给所属部队；持续支援级维修指装备维修后送到供应系统，而非直接交还所属部队。（2）陆军各级别维修管理职能：规定了从陆军部到下属部队各级指挥部及其领导者对于陆军装备维修的管理职责，也包含了预备役和国民警卫队对于维修的管理职责。（3）陆军装备基地级维修管理：详细阐述了陆军基地级维修的相关政策，包括基地级核心维修能力、军种间基地级维修保障、基地间维修任务量分配等。（4）陆军各类别装备维修管理：给出了陆军作战车辆、飞机、船艇、铁路装备、通信、情报电子战、测试诊断设备、医疗等十五类装备详细的维修管理政策，包括基本政策、管理要求和保障方式等。（5）陆军装备维修管理主要措施：规定了陆军实施装备全寿命维修保障的主要工作内容，包括采用以可靠性为中心的维修、基于状态的维修、维修保障规划、多媒体和交互式电子技术手册等。本条例适用于现役陆军、陆军国民警卫队和美国陆军预备役 C、D 和 E 级司令部。

名　　称：《独立后勤评估》

现行版本：2019 年 7 月 17 日

内容简介：美国陆军小册子 DA Pam 700 系列“后勤”中独立后勤评估的指导手册，规定了执行独立后勤评估的原则。本手册共分四章：简介、独立后勤评估规程、评估准则、报告结果。该手册包含的重点内容如下：（1）综合产品保障要素：手册给出了多种产品保障元素，包括设计接口、维修工程、供应保障、维修计划与管理、包装、装卸、储存与运输、技术数据、人力和人员等要素。（2）独立后勤评估过程：手册规定了独立后勤评估的整个过程，共包括十五个步骤，分别为：选择小组领导者、召开预评估会议、确定小组成员、宣布开展后勤评估、传送文件、组织会议开幕、审查需求与能力、审查后勤文件与计划、审查合同文件、审查总体计划、编写修改报告、汇编报告草案、提交简要分析结果、发布最终报告、发布独立后勤评估状况备忘录。前五个步骤为计划和组织阶段，周期为七周；中间五个步骤为执行评估阶段，周期为一周；后五个步骤为评估与报告阶段，周期为三周。（3）独立后勤评估准则：手册规定了用于确认是否开展充分的产品保障行动的评估准则，各活动的进程栏分别利用 I（Initiated，启动）、IP（In - process，进程中）、F（Finalized，完成）、U（Update，更新）来标注。（4）独立后勤评估等级标准：手册规定了个人议题和用于确定后勤项目整体状态的等级标准，包括初期寿命周期独立后勤评估等级标准、全速生产后与全面部署决策独立后勤评估。本手册适用于现役陆军、陆军国民警卫队和美国陆军预备役 C、D 和 E 级司令部。

名　　称：《指挥官维修手册》

现行版本：2013 年 10 月 4 日

内容简介：美国陆军小册子 DA Pam 750 系列“供应品和装备维修”中指挥官维修的指导手册，规定了指挥官维修行动的基本原则。本手册共分十章：简介、重要人员及其职责、维修结构、行动与程序、预防性维修检查与保养、维修计划、设备重置、部署前训练装备、非标准的装备维修和支援、司令部维修训练计划。该出版物包含的重点内容如下：（1）领导者和指挥官援助：手册规定了陆军维修标准、陆军维修任务目标、基准、性能指标等原则。（2）维修行动重要人员及其职责：手册规定了维修行动重要人员及其职责，并描述了关键机构的职责。（3）陆军维修结构：手册规定了美国陆军实行两级维修，包括野战级维修和持续支援级维修。野战级维修指在装备使用现场执行的维修工作，使用现场可更换单元和部件进行替换，维修后直接将装备交还给所属部队；持续支援级维修指装备维修后送到供应系统，而非直接交还所属部队。（4）维修行动和程序：给出了21世纪美国本土和境外陆军机构的维修行动和程序。（5）维修行动应用措施和系统：详细阐述了预防性维修检查与保养、装备技术资料、标准陆军维修系统与后勤信息系统，包括陆军标准维修系统—加强型、陆军标准维修系统—加强型1级、基层级后勤系统—航空兵加强型、财产登记部队供应—加强型等。（6）多种维修计划：给出了陆军油液分析大纲、陆军担保计划、后勤援助计划等，重点阐述了司令部维修训练计划。本手册适用于现役陆军、陆军国民警卫队和美国陆军预备役C、D和E级司令部。

名　　称：《士兵野战级维修作业指南》

现行版本：2013年9月18日

内容简介：美国陆军小册子DA Pam 750－3描述了野战级维修作业的基本功能、操作规程和人员职责等内容，为了解和掌握野战级维修保障工作提供了参考。本手册共有一章三个附录。章节内容包括：概述、野战级维修标准操作规程、野战级维修的基本职能、野战级维修人员、部队注意事项、技工的认证、维修控制职能、遗留装备、装备重置、预置训练装备、非标准战术装备的维修和支援保障。附录内容包括：参考文献、维修操作规程和术语。该手册包含的重点内容如下：（1）规定了所有执行维修的部队都需要按照陆军条例AR 750－1《陆军装备维修政策》的规定制定一套标准操作规程，并由部队指挥官签署实施。该手册给出了部队标准操作规程所需要的基本内容。（2）给出了陆军野战级维修的基本职能，包括预防性维修检查与保养、维修管理系统所使用的信息报表、车辆驾驶人员许可、车间库存、电子技术手册、后勤信息库、预防性维修月刊、测试测量工具与诊断设备、战术维修、应急救援与战场损伤评估与修复。（3）给出了野战级维修管理的组织结构，包括前方保障连组织结构、野战维修排组织结构，给出了各类人员在野战级维修中的作用和职责。（4）对野战级维修中涉及的部队工作、操作人员许可、维修工作管理等进行了介绍。（5）针对野战级维修中涉及的遗留装备、装备重置、预置的训练装备、非标准战术装备等的使用和维修保障问题进行了介绍。本手册适用于现役陆军、陆军国民警卫队和陆军预备役 C、D 和 E 级司令部。

名　　称：《陆军维修管理系统用户手册》

现行版本：2005 年 8 月 22 日

内容简介：美国陆军小册子 DA Pam 750 系列“供应品和装备维修”中的陆军维修管理系统使用的指导手册，规定了陆军维修管理系统表格、数据自动化过程的记录与管理。本手册共分：简介、行动过程记录、行动过程调度程序、维修过程记录、陆军油液分析大纲非航空装备记录及程序、历史过程记录及程序报告 1051、船只和两栖作战驳船记录及程序、铁路设备记录及程序、弹药记录及程序、供应与维修评审组、设备改进报告、产品质量缺陷报告和库存资助基地级可修件初始故障报告。该手册包含的重点内容如下：（1）陆军维修管理系统：指出陆军维修管理系统为一种全面的管理信息系统，包含了自动化信息组件和记录、人工维护组件和记录，同时还是后勤保障中心的中央陆军数据库。（2）陆军维修管理系统过程、表格、记录和报告：规定了三种主要过程、表格、记录和报告，包括行动级、维修和历史性；同时还包括供应品特定记录和报告，及其他记录和报告，即陆军油液分析大纲非航空装备和缺陷报告。（3）陆军维修管理系统具体物资记录和程序：详细阐述了船只和两栖作战驳船记录及程序、铁路设备记录及程序、弹药记录及程序。（4）陆军维修管理系统报告提交：给出了报告提交的基本程序，包括提交设备改进报告、产品质量缺陷报告和库存资助基地级可修件初始故障报告。本手册适用于现役陆军、陆军国民警卫队和美国陆军预备役 A、B、C、D 和 E 级司令部。

四、与装备应急保障相关的美陆军训练和条令出版物

名　　称：《保障》

现行版本：2019 年 7 月 31 日

内容简介：陆军条令出版物 ADP 4 -0《保障》是陆军条令出版物“保障”系列的顶层条令，阐述了陆军保障的基本要素和任务，对陆军遂行保障任务提出了总要求。条令内容分为前言、简介、术语和参考文献，其中简介部分是核心内容，分为保障作战职能、保障原则、对统一地面行动的保障、作战范围、行动自由和持久力。该条令的重点内容如下：（1）美国陆军对于保障的基本要素定义为后勤、装备、人事勤务和卫勤。其中，后勤是指计划和实施部队的输送和保障，包括以下内容：设计和开发；采办、储存、分发、维修和处置装备物资；采办或建设、维护、运行和处置保障设施；输送和供应勤务。人事勤务是指为部队提供人力和资金，维持军人及家庭的战备，提高国家士气和道德价值观，并形成陆军战斗素质保障工作。卫勤是指陆军卫生部门实施针对人员生理和心理方面改善、保持或恢复的各种活动，包括医疗保障、住院治疗、牙医护理、行为健康/精神疾病治疗、体检/化验、核生化病员治疗。（2）规定了陆军保障要遵循的基本原则：一体化、预测性、反应灵敏、简明、节约、生存力、连续性。一体化指与作战结合，保证指挥和工作的统一。预测性指能够主动预测需求，提前于命令做好准备。反应灵敏指对需求快速做出回应。简明指最大程度减小保障过程和程序的复杂性。节约指注重资源利用效率。生存力指避免战场保障物资、人员等受损。连续性指战争中各级别能够不间断地提供保障。（3）给出了在统一地面行动中，各保障机构所担负的职责，以及与政府和多国部队的协调。介绍了作战行动中对于陆军预置储备、兵力投送、战区开设、基地建设、战区关闭中的保障业务。该出版物适用于陆军现役部队、陆军国民警卫队和陆军预备役部队。

名　　称：《保障》

现行版本：2020 年 8 月 29 日

内容简介：陆军条令参考出版物 ADRP 4 –0《保障》是对陆军条令出版物 ADP 4 –0 的细化和解释。条令内容包括四章：保障基本原理、对统一地面行动的保障、对决定性行动的保障、保障要素。该条令包含的重点内容如下：（1）第一章保障基本原理的内容基本上等同于 ADP 4 –0 的相关部分，概略介绍了保障的要素及其遵循的基本原则。（2）详细给出了在陆军统一地面行动中陆军各级司令部、作战部队在保障行动中的职能和任务。（3）详细给出了在决定性行动①中的保障工作，包括作战背景、保障行动中的任务式指挥、保障计划的制订。（4）详细介绍了作战行动中对于陆军预置储备、兵力投送、战区开设、基地建设、战区关闭中的保障业务。（5）详细描述了陆军保障的基本要素，针对各个要素都有比 ADP 4 –0 中更加细化的解释，并且细化成更为详细的概念。该出版物适用于陆军现役部队、陆军国民警卫队和陆军预备役部队。

名　　称：《陆军运输行动》

现行版本：2014 年 4 月 3 日

内容简介：本手册取代野战手册 FM 55 –1《陆军运输行动》，规定了陆军运输行动的原则和部署与分配远征部队的能力。本手册共分四章：运输行动原则、使能战略范围、使能行动范围、运输。该出版物包含的重点内容如下：（1）规定了陆军运输行动的原则和功能，包括组织、集中、协调等原则，以及行动、运输控制等功能。（2）战略级任务司令部和运输机构：给出了战略级任务司令部及机构在提供战略运输保障时的作用和职责。（3）战略范围：规定了联合和多国环境下的行动，并论述了战略级任务指挥和提供战略性运

① 决定性行动指的是连续同时地综合实施进攻、防御、稳定或保护民用机构的任务。

输保障机构的作用和职责；同时论述了运输因素综合到行动过程中的措施。（4）行动范围：规定了行动级和战术级的行动范围，并论述了行动级和战术级任务指挥和提供两级战略性运输保障机构的作用和职责。（5）陆军运输行动：给出了运输模式选择变量和两类运输方式（陆地和航空），并论述了运输成本及计算编码和重要性。（6）自动化信息系统：列明并规定了用于规划和执行运输任务的多种自动化信息系统和网络，包括陆军集装箱资产管理系统、货物运输行动系统、计算机化的运输计划和状态系统、全球指挥和控制系统、计算机化的综合部署系统等。本手册适用于现役陆军、陆军国民警卫队和美国陆军预备役。

名　　称：《军械操作》

现行版本：2014 年 4 月 1 日

内容简介：本手册取代美国野战手册 FM 55 - 1，规定了美国陆军军械维修行动、弹药行动和排爆处理行动的基本原则。本手册共分四章：军械兵、军械行动、排爆处理行动、维修行动。该出版物包含的重点内容如下：（1）军械兵：详细阐述了军械兵的起源、重要作用，以及维护陆军联合陆上作战行动的战略相关性，并详细阐述了军械兵的四项功能，包括弹药、维修、排爆处理和爆炸性安全。（2）军械行动：规定了军械行动的基本信息，包括任务、保障机构和相关机构及其相关要求，规定了弹药保障行动的战术和任务，为攻击行动、防御行动、稳定性行动、保障行动、保护行动和其他作战行动创造条件。（3）排爆处理行动：给出了排爆行动的任务、组织机构，包括旅级排爆处理机构，以及司令部与保障之间的关系，并论述了排爆行动对联合陆上作战所起的保障作用。（4）维修管理体制：规定了美国陆军实行两级维修体制，包括野战级维修和支援级维修。野战级维修指在装备使用现场执行的维修工作，维修后直接将装备交还给用户，包括操作人员执行的维修行动；支援级维修指部件修理与最终修理后送到供应系统，而非直接交还所属部队。

（5）司令部和保障关系：给出了美国陆军装备司令部维修支援机构和作战陆军在执行联合陆地行动时的保障关系。（6）维修行动保障：详细阐述了旅战斗队维修保障、航空兵战斗旅保障、测试、策略与诊断装备保障，以及合同维修保障。本手册适用于现役陆军、陆军国民警卫队和美国陆军预备役。

名　　称：《军需行动》

现行版本：2013 年 10 月 22 日

内容简介：该手册用于代替 1994 年 8 月 11 日版本的陆军野战手册 FM 10－1《军需基本原则》，为后勤人员和野战指挥官介绍了决定性行动中军需保障工作的原则、组织机构和程序。该手册是在结合了陆军条令出版物 ADP 3－0《统一地面作战行动》和陆军条令参考出版物 ADRP 3－0《统一地面作战行动》最新术语及相应原则的基础上，考虑了模块化部队特点，对 FM 10－1 进行了更新。内容从 FM 10－1 的十九章合并为三章，篇幅从 130 页减少到 60 页。本手册共分三章：军需作业概述、供应行动和野战勤务行动。该手册包含的重点内容如下：（1）较 FM 10－1 增加了全球作战保障系统—陆军的论述，扩展了对供应链管理的论述，增加了有关作战能源的内容，对军需的两大核心能力——供应和野战勤务进行了拓展。（2）给出了军需的基本职能、与其他单位的协作关系、使用的信息化系统、不同级别间的保障关系、全资可视化要求等，明确了美国陆军军需工作的基本业务内容。（3）给出了对物资开展供应保障活动的基本业务工作内容。（4）给出了陆军野战军需保障业务工作的内容，包括空运、给养供应、饮食保障、洗澡和洗衣保障、丧葬事物以及饮用水净化工作等。本手册适用于陆军现役部队、陆军国民警卫队和陆军预备役部队。

名　　称：《陆军航空兵维修》

现行版本：2020 年 10 月 20 日

内容简介：本出版物取代 2006 年 8 月 23 日版野战手册 FM 3 - 04.500，规定了陆军航空兵维修机构、组织和职能要求。其共分九章：维修基本原理、维修级别和机构职责与作用、项目和设备、自动化管理系统、旅/中队航空装备军官保障行动、生产控制、技术供应、机身部件修理排、质量控制。该出版物包含的重点内容如下：(1) 陆军航空兵维修效能量度：给出了多种效能量度，包括战斗力量度、七个维修量度、技术供应量度、核心单位量度。(2) 陆军航空兵维修管理体制：规定了美国陆军航空兵实行两级维修体制，包括航空兵野战级维修和航空兵支援级维修。野战级维修包括基层级维修和中继级维修，指在使用现场执行的维修工作，通常直接替换部件或进行部件维修并将装备交还给用户；支援级维修为陆军战略性保障，通常进行部件紧急修复或大修。(3) 陆军航空兵维修两级维修结构：给出了航空兵野战级维修和支援级维修的结构组成，及各个部门或分队应履行的职责。(4) 航空兵维修项目和设备：给出了有关陆军航空兵项目和装备的实际操作、程序和指南，包括航空兵资源管理调查项目、后勤援助项目、陆军油液分析大纲、陆军担保项目、外来物损伤项目等，以及工具箱、工具室、测试测量与诊断设备、地面保障设备等。(5) 陆军航空兵维修自动化管理系统：详细阐述了多种标准的陆军管理信息系统、后勤保障活动、国防后勤局自动化系统，并论述了单一库存储备和通用后勤行动环境。(6) 部队级后勤系统—航空部（加强型）程序：详细阐述了部队级后勤系统—航空部（加强型）在生产控制、技术供应、机身部件修理排、质量控制当中的职能。本出版物适用于现役陆军、陆军国民警卫队、陆军预备役、文职人员和合同商维护人员。

名　　称:《飞机修复操作》

现行版本: 2018 年 4 月 16 日

内容简介: 本出版物旨在提供所有陆军专业成员和承包商在飞机恢复操作环境中操作和使用。本出版物是陆军关于战斗和驻军行动的条令。描述的作战概念基于 ADP 1、ADRP 1、ADP 3 - 0、ADP 6 - 0 和 ATP 3 - 04.7 中建立的陆军条令, 重点放在通过部队结构调整和陆军航空兵转型来增强作战能力, 通过对最近的行动的反思和批判性思维来获得集体知识和经验。该出版物植根于成熟的原则, 同时适应新技术, 以及美国国家安全面临的不断发展的威胁。飞机恢复任务包括评估、修理和回收 (如果可能) 由于部件故障、事故或与战斗相关的损坏而被迫降落的飞机, 这些损坏阻止了飞机的继续安全飞行或操作。飞机回收任务在所有人员返回后完成, 飞机通过自行回收返回或使用空中或地面回收方法和技术进行专门回收。飞机恢复是所有分配或操作控制陆军飞机单位的预先计划任务, 需要与保障单位进行广泛协调。飞机恢复对战术情况的时间很敏感, 飞机恢复和维修疏散密切相关, 维修疏散是将飞机从一个维修地点移动到另一个维修地点的物理行为。在实践中, 本出版物中概述的程序可能会被修改以适应部队规模, 空中和地面资产的可用性, 人力、时间和距离的因素及战术形势。

名　　称:《前方弹药与燃料补给点技术》

现行版本: 2018 年 6 月 4 日

内容简介: 本出版物提供陆军航空兵前方弹药与燃料补给行动的相关技术, 扩展了 ATP 4 - 43 中描述的航空特定信息, 并作为有效管理航空前方弹药与燃料补给点运行技术的出版物。该出版物包含四章七个附录, 其主要内容如下: (1) 提供前方弹药与燃料补给点技术的目的、组织和任务指挥。(2) 概述了加油设备等领域的前方弹药与燃料补给点技术的规划要求、加油操作要求、装备操作要求和作业环境要求。(3) 提供有关前方弹药与燃料补给点技术的相关培训要求。（4）概述了与前方弹药与燃料补给点技术保障相关的再补给要求。（5）氩气运输要求。

名　　称：《区域保障大队》

现行版本：2018 年 1 月 16 日

内容简介：本出版物介绍了区域保障大队。其主要内容包括区域保障大队的任务、机构和作业，以支持国防保障及支持应急响应任务。该出版物包含六章：第一章概述区域保障大队的任务，确定了区域保障大队的具体能力、应急响应任务期间的职责和必要性；第二章介绍了区域保障大队的组织；第三章介绍了大本营的运作和管理，明确对租户单位的基地营地保障；第四章概述基地营地的安全与防卫，介绍了基础安全与基础防御的框架，涵盖了威胁级别和各种安全注意事项；第五章论述了大本营的特点，涵盖了一个大本营的生命周期，介绍了基地营地的持续时间和规模及提供的三级服务标准；第六章简要概述了反应、筹划、前进与整合联合军演事项，明确了区域保障大队进行反应、筹划、前进与整合联合军演的程序。

名　　称：《陆军机动运输行动》

现行版本：2020 年 8 月 14 日

内容简介：本出版物是陆军为支援统一陆地作战而制定的机动运输作战原则。该原则嵌套在 FM 3－0（作战）和 FM 4－0（维持作战）中。陆军运输的四大功能是移动控制、多式联运作战、模式作战和战区分配。陆军运输使用各种地面和空中运输方式（例如卡车、驳船、轨道车和飞机）来运输人员、装备和各类物资，以支援统一的陆地作战。该出版物的重点是规范汽车运输作业。汽车运输是所有陆运和空运方式中最灵活的一种。汽车运输业务范围广泛，从美国大陆的战略支援地区到战区的前线部队，都在战区间和战区内进行。机动运输可满足包括战术机动性、维持机动性、人员替换和伤亡人员撤离等活动。它作为其他运输模式之间的纽带，支持尽可能远的大规模作战行动，使作战范围、行动自由和持久。有关其他地面和空中运输方式的详细信息，请参阅 ADP 4 –0（维持）、ATP 4 –0.1（战区分配）、ATP 4 –12（陆军集装箱作业）、ATP 4 –13（陆军远征多式联运作业）、ATP 4 –14（远征铁路中心作业）、ATP 4 –15（陆军水船作业）和 ATP 4 –16（运动控制）。该出版物包含三章十四个附录：第一章概述汽车运输作业的基础，陆军汽车运输作业可能遇到的环境，以及指导陆军汽车运输作业的原则；第二章明确了旅级和旅级以下梯队卡车连的任务、组成和职责，规定了分配到汽车运输单位的人员要求和责任；第三章明确了汽车运输的规划和作业，介绍了在运输资产分配中的指挥责任、运输计划安排、分配作业的方法、运输资产的责任、运输事项和维护服务等。

名　　称：《陆军集装箱作业》

现行版本：2021 年 2 月 12 日

内容简介：本出版物是陆军在作战过程中管理集装箱的原则。该出版物描述了集装箱管理技术、集装箱管理及作业，并确保单元设备和物资及时、安全地运送到指定目的地。适时的集装箱管理可以提高指挥官的反应能力、简便性、经济性和连续性。集装箱是一种符合美国国家标准协会与国际标准化组织标准的运输设备，其设计目的是促进和优化货物运输方式，而不需要对货物进行中间处理（JP 4 –01）。但内部空运或直升机吊挂集装箱不符合国际标准化组织标准，因此这一原则不适用于这些类型的容器。集装箱提供了一种安全的运输货物的方式，促进了对战场变化的反应能力，提高了物资在作战区域的快速移动，并为物资提供了免受天气影响的保护。集装箱管理必须在每一级命令的作业中进行计划、同步和执行。各级指挥官负责管理其所拥有或作业区域内的集装箱。在作战区域成功管理集装箱的指挥官将完成对前方的支援，提高其部队的有效运载能力，并改善运输中的可视性和互操作性。管理者应该清楚国有集装箱和商业租赁集装箱的区别，这是由于租用集装箱可能产生累积的滞留和滞期费，并可能减少流动，影响物资运输。

名　　称：《陆军远征多式联运行动》

现行版本：2014 年 4 月 16 日

内容简介：本出版物为指挥官及各级工作人员提供了关于陆军远征多式联运能力的框架，包括空中与海上港口作业。该出版物的修订符合美国陆军的“2015 年原则倡议”，使陆军终端作战角色和责任与当前的部队结构相一致，并从之前版本 FM 55 - 60 发布以来的行动和重大事件中吸取教训。陆军远征多式联运和通用终端操作技术将各种运输能力联系在一起，以加强人员、设备或部队端到端移动的部署、重新部署和分配作业。该出版物使用战区环境作为组织、事件和活动的焦点，这些组织、事件和活动是计划和执行终端作业的组成部分，从而实现远征多式联运行动。该出版物包含六章：第一章概述了多式联运作战及其组成部分，介绍了陆军远征多式联运作战能力。第二章描述了终端和端口的类型，明确了计划安排、组织机构和任务责任以及港口开放。第三章概述了机场作业、港口开放和机场作业所涉及的组织，介绍了联合工作队—口岸开放股的作用及其组织结构，包括机场的设想布局图和机场运营单位的组织结构与图表。第四章明确了水上码头和港口作业，以及包括运输旅在内的相关单位的任务和责任；介绍了组织港口开放的单位和支援力量的组织结构，包括从港口经营向港口管理过渡的流程。第五章描述了陆地终端业务的不同类型和功能以及支援的组织，包括对集中收运点终端的描述。第六章介绍了离岸物流作业和支援。

名　　称：《应急救援和战场损伤评估与修复》

现行版本：2020 年 11 月 8 日

内容简介：陆军技术出版物 ATP 4 - 31《应急救援和战场损伤评估与修复》是对野战手册 FM 4 - 30.31《应急救援和战场损伤评估与修复》的最新修订。该出版物对战场应急救援、战场损伤评估与修复进行了总体介绍，并指出其根本目的是使作战装备尽快返回战场；介绍了应急救援行动和战场评估与修复的类型和方法；概述了索具使用规程和机械效益计算方法；概述了各种应急救援行动的方法、技术和安全措施；此外，还指出了与 FM 4－30.31 的主要不同点在于：包含了改进的白天和夜间应急救援行动中手势信号。ATP 4－31 由四章组成：第一章介绍了战场应急救援和战场损伤评估与修复，详细论述了不同类型的应急救援行动，以及相关组织的职责和任务；第二章论述了索具的使用方法和技术，以及在索具可用的条件下，计算机械效益完成装备应急救援工作；第三章论述了针对障碍、车辆倾翻、陷入泥坑等不同战场环境的应急救援方法和技术手段，并强调了应急救援工作中的安全性问题；第四章论述了在战时利用快速修复、旁路和恢复关键系统最基本功能等方法，使损伤装备快速恢复作战状态的各种临时性修复措施的操作规程。

名　　称：《维修行动》

现行版本：2019 年 7 月 9 日

内容简介：陆军技术出版物 ATP 4－33 给出了美国陆军维修机构及其任务，包括战役级和战术级维修作业的组织方式、负责提供后勤与单兵保障勤务的战略级维修机构的任务与职能。本出版物共分五章三个附录。章节内容包括：维修的基础知识与维修机构、维修保障作业与维修管理、维修备件供应作业、测试测量和诊断设备校准、维修保障及其他维修活动。附录内容包括：维修保障需要考虑的地理环境、维修管理信息系统（地面装备）、维修分配表。该出版物包含的重点内容如下：（1）规定了美国陆军维修的原则和基本流程，阐述了两级维修体系，提出美国陆军将维修视为战斗力生成和再生的倍增器。（2）规定了美国陆军各级维修保障机构划分和职责，包括从陆军装备司令部到维修连各层次维修机构的介绍。（3）规定了维修保障作业的基本内容，包括维修保障在不同的作战行动中需要考虑的因素、旅以上部队维修保障方案、旅（含）以下部队维修保障方案、维修备件供应、应急救援作业、战场损伤评估与修复、后撤与重组。（4）规定了维修管理的层次和基本流程，规定了维修工作监督和管控。（5）规定了维修备件储存供应的基本规范，规定了测试、测量与诊断设备的校准和维修保障方式。（6）规定了通信与电子装备、导弹系统、陆军船艇三类装备的基本维修保障工作内容和流程。（7）附录中给出了沙漠、寒区、丛林、山地、城市、夜间作战等情况下对维修保障作业的影响及在作业中需要注意的事项，介绍了维修管理信息系统和维修分配表的基本形式，并对分配表中各项内容进行了解释。本出版物适用于陆军现役部队、陆军国民警卫队和陆军预备役部队。

名　　称：《空运》

现行版本：2016 年 12 月 21 日

内容简介：本出版物是美国陆军空中运输行动的参考，目的是为空中投送行动的各个方面提供指导。该出版物扩展了 FM 4 - 40。该出版物定义了空中传送、空中投递的方法，描述了计划、准备、执行过程，确定了航空运输中的角色和责任，目的是让读者了解空中运输的能力、局限性和技术。该出版物包含五章：第一章阐述了空中运输的基本原则，描述了空中投送作业的流程和安全问题，探讨了空中运输在支援和分配行动中所提供的优势；介绍了作战中的空中投放和战区分配方法；讨论了规划空中投送作业的事项。第二章概述了陆军空中运输单位，明确了空中运输组织、人员、指挥和支援关系的角色和责任，定义了特种作战部队的空中运输能力，介绍了多国空中运输支援。第三章明确了空投作为空中运输的一种方式，阐释了包括规划因素、飞机因素和责任在内的飞行着陆技术，介绍了空投方式的优缺点，规定了影响安全的设备退行性检查。第四章阐述了空投作为一种空中投送方法和空中投送设施的管理，确定了空投技术，包括空投计划和责任及类型和方法，概述了设施操作的流程及索具和空中运输设备修理的主体和责任。第五章概述了吊索装载作为空中运输的方法，确定了吊索载荷技术，包括计划、责任和选择旋翼飞机事项，明确了载荷的分类和吊索载荷的方法，介绍了吊索装载的优缺点，并对安全因素和设备隐患进行了分析。

名　　称：《旅保障营》

现行版本：2020 年 6 月 18 日

内容简介：陆军技术出版物 ATP 4－90 规定了旅保障营（包括：1 个营部连、1 个补给连、1 个野战维修连、1 个旅医疗保障连和几个前方保障连）在保障方面的政策、职能和行动。本出版物是对 2010 年 8 月 31 日版本的修订和取代。本出版物共分八章三个附录，章节内容包括：旅保障营的职责、旅保障营的职能和构成、补给连、野战维修连、旅医疗保障连、航空保障营、前方保障连的任务和后勤保障报告。附录内容包括：支援保障层次、旅保障地域、斯瑞克旅保障营。该出版物包含的重点内容如下：（1）界定了旅保障营的保障概念，明确了旅保障营的职责，对旅保障营上级支援部队进行了描述。（2）给出了旅保障营的基本能力、营部和参谋构成，明确了参谋的职责，以及如何与所保障的作战旅的参谋协作。（3）明确了旅保障营下辖部队的职责、组织机构和运行，包括补给连、野战维修连、旅医疗保障连、航空保障营、前方保障连。（4）描述了旅保障营执行任务的基本过程、战地指挥所运行、数字化指挥系统的运用以及如何进行后勤保障报告。（5）附录中对旅保障营的层级、旅保障地域和斯瑞克旅保障营情况进行了说明。本出版物适用于陆军现役部队、陆军国民警卫队和陆军预备役部队。

名　　称：《陆军野战保障旅》

现行版本：2021 年 6 月 30 日

内容简介：陆军技术出版物 ATP 4－98 描述了美国陆军野战保障旅在组织结构与作战运用方面的基本条例与相关政策规定。该出版物共分四章两个附录。章节内容包括：作战与组织机构概述，野战保障旅下属机构，采办、后勤和技术，合同商保障协调和合同商管理。附录内容包括：职能重塑特别工作组和重新部署资产支援小组两个援助小组在陆军保障旅中的作用及战区预置装备的管理职责。该出版物包含的重点内容如下：（1）给出了美国陆军野战保障旅及其下属机构的任务、指挥方式、组织架构等内容。该出版物规定了陆军保障旅受陆军装备司令部下辖的陆军保障司令部的领导与管理。保障旅下属的陆军野战保障营直接保障师级部队，旅后勤保障分队直接保障作战旅和航空作战旅。（2）规定了陆军野战保障旅在采办、后勤和技术方面的作用和职责。（3）规定了陆军野战保障旅在合同商保障方面的任务和职责。在目前美国陆军体制中，陆军野战保障旅绝大多数保障任务都是通过合同形式，或通过扩编合同商保障人员来完成的，陆军野战保障旅不具备合同签字权但在合同商保障的计划制订、综合集成、协助支援、监督监管等方面起着重要的作用。本出版物适用于陆军现役部队、陆军国民警卫队和陆军预备役部队。

名　　称：《支援保障旅》

现行版本：2016 年 4 月 11 日

内容简介：陆军技术出版物 ATP 4－93 给出了支援保障旅及其下属单位的组织结构、基本任务和作战行动，该出版物辅助保障人员和战场指挥官理解支援保障旅的作用与组织，并在决策行动中提供指导。本条令共分三章三个附录。章节内容包括：支援保障旅在陆军作战行动中的角色、任务与机构、战斗支援保障营任务与能力。附录内容包括：战场保障准备、保障报告、特种作战支援保障旅（空运）。该出版物包含的重点内容如下：（1）介绍了支援保障旅与其下属单位的相互关系，包括指挥关系和保障关系。（2）介绍了支援保障旅在地面联合作战中应发挥的作用，包括从稳定的和平时期到全面战争的地面联合作战行动，但并不包括卫戍部队的军事行动。（3）介绍了支援保障旅的基本任务，包括战区开设、战场配送、支援保障行动。（4）介绍了支援保障旅具备的基本能力，包括旅部业务能力、战场开设运输分队的能力等。（5）介绍了支援保障旅的基本组织架构，详细介绍了旅司令部、各个业务处、人力资源部等 21 类旅属部门的基本情况。（6）详细介绍了战斗支援保障营的作用，组织架构以及在弹药保障、运输保障、维修保障和供应与勤务方面的基本保障能力。（7）附录介绍了战场保障准备中所需的情报和相关信息，各级如何上报保障状态，以及特种作战支援保障旅（空运）的基本任务与能力。本条令适用于陆军现役部队、陆军国民警卫队和陆军预备役部队。

名　　称：《战区保障司令部》

现行版本：2013 年 6 月 28 日

主要内容：陆军技术出版物 ATP 4－94 用于代替 2010 年 2 月 12 日版本的陆军野战手册 FM 4－94《战区保障司令部》。该出版物描述了战区保障司令部的编制、任务，以及作战行动。与野战手册 FM 4－94相比，ATP 4－94 主要的变化在于在联合地面行动中明确了远征保障司令部的角色。当战区保障司令部做出前进命令或者当任务是直接由集团军或陆军部队指挥时，战区保障司令部可以部署一个远征保障司令部。该出版物中引入了全球作战保障系统—陆军装备管理等级。全球作战保障系统—陆军的部署是陆军装备管理信息系统的一次重大变化，目前该系统正在整个陆军部队进行部署。本出版物共分四章：战区保障司令部在联合地面作战行动中的角色、战区保障司令部的任务和编制及保障行动、战区保障司令部指挥原则和后勤信息系统及通信规定。该出版物包含的重点内容如下：（1）明确了战区保障司令部与远征保障司令部在联合地面行动中的角色，规定了战区保障司令部在战场准备、战场分配，以及保障作战行动中的职责，给出了战区保障作战行动的指挥结构，解释了战区保障司令部在作战行动中作为指挥部的角色，以及陆军军种部队司令部、远征保障司令部和保障旅的任务界面。（2）规定了战区保障司令部与远征保障司令部及其下属机构（包括附属单位）参谋人员的使命、工作和编制，给出了在战区保障行动中每个单位的运行模式。（3）给出了战区保障司令部在装备分配、装备管理、行动控制、装备保障、任务协同及通用后勤保障等活动中的任务和职责，包括如何在联合部队、多国部队，以及跨机构环境下发挥相关职能。（4）介绍了战区保障司令部与远征保障司令部在指挥中所使用的自动化信息系统与通信系统。该出版物适用于陆军现役部队、陆军国民警卫队和陆军预备役部队。

名　　称：《战斗保障支援营》

现行版本：2017 年 6 月 19 日

内容简介：本出版物描述了陆军战斗保障支援营的特点、能力、组织和行动程序。第一章描述了战斗保障支援营部的能力、关系和组织。第二章描述了战斗保障支援营指挥官和参谋人员指挥原则。描述了指挥官组织和整合单元以执行指挥所的职能，并提出了执行特定职能单元任务的建议。第三章描述了支援行动。包括支援人员的工作，以及对区域支援、梯队支援、供应点分配、物资吞吐量分配的解释和建议。第四章描述了连续和非连续行动区域中的支援，本章提供了战斗保障支援营指挥官、参谋人员和下级指挥官在评估支援部队和防卫时要考虑的因素。第五章描述了战斗保障支援营支援联合战区的任务及后勤保障的事项。第六章描述了通常附属于战斗保障支援营的物流能力和相关公司及战斗保障支援营组织任务示例。

附录B　美军BDAR工作简介

一、概述

本附录简单介绍美军BDAR的工作和训练问题。

BDAR指通过快速损伤评估和修复、旁路或零部件的应急组合等措施恢复装备的最低能力，以完成作战任务或实施自救。

根据修理的需要，这些措施可能是临时的或永久的。大多数情况下，这些措施不能恢复装备的全部功能。

战斗损伤评估（BDA），确定损伤程度，若可修则估计需要采取的修复措施及在哪里修。

战斗损伤修复（BDR），指将损伤的部件或组件恢复到能执行任务或具有一定完成任务能力的任何应急措施。

BDAR的目的是尽快将损伤的作战装备返回指挥官手里。

二、BDAR措施

- 用最快的方法安装或拆卸零部件。
- 使用其他装备的零部件进行改进及安装。
- 使用同一装备上的非基本功能件。
- 采用应急组装或旁路非重要件等措施。
- 重要可修部件的应急拆换。
- 重要部件的制作。

• 使用代用燃料，汽油、柴油和润滑油产品。

三、BDAR 实施

在战场环境下，任何人可以实施 BDAR。本专业外的机组人员、基层级和支援保障技师，还需接受战斗损伤评估的训练。

四、BDAR 决策

使用/机组人员完成初步的战场损伤评估工作后，在可能的情况下修复某些损伤。

指挥官确定是否进行 BDAR，而不进行标准维修程序。因为在和平时期不可能利用实际装备进行 BDAR 训练，所以其最佳的代替方法是通过理解与装备系统有关的理论和使用原来训练装备的机组人员和技术人员。

五、BDAR 训练

BDAR 训练将达到：

• 所有与装备有关的士兵，包括从使用人员到保障人员，都必须接受训练，精通 BDAR 工作。

• 使用/机组人员完成初步的战场损伤评估工作后，在可能的情况下修复一些损伤。

• 连级维修组成员必须精通 BDAR 技术。

• 通过理解与装备系统有关的理论和原理来训练装备的机组人员和技术人员。

六、BDAR手册

• 每个装备都有一本手册，提供一些成熟的、有效的修理技术，不提供所有修理技术，不能取代负责装备机动、射击和通讯系统的专职技师。

• 供使用人员、直接支援维修人员使用。主要武器装备都有BDAR手册，并以技术手册的标准补充件形式发布。

• 战术轮式车辆编有BDAR手册。

• BDAR手册的编号为手册“9”序列，八位数码加“BD”构成，如M1坦克的BDAR手册的编码为：TM 9－2350－255－BD。

附录 C　美军应急救援人员工作指南

战场任务的成功与部队执行车辆应急救援、使停止工作的装备重新运转并继续完成任务的能力有关。指挥官必须采取积极的措施，恢复受损装备，使其重新投入使用。但是，为了应急救援工作的成功，各级别的操作人员和指挥人员都必须进行应急救援操作训练。

一、操作（机组）人员

当操作（机组）人员发现装备故障时，要根据分析结果和战术态势，对损害进行评估，开展行动。操作（机组）人员将故障装备的情况上报指挥系统。部队标准操作规程应规定相关程序，因为部队类型与通信装备可能不一样。

操作（机组）人员要进行指定装备的自我抢修和类似车辆应急救援的训练。这些培训会按照部队标准操作规程规定在守备/战场训练活动期间进行。

操作（机组）人员通常要为故障装备提供本地安保，直到获得援助。维修人员到来时，操作（机组）人员要协助抢修或恢复，和车辆待在一起直至其获得支援维修。

以下是操作（机组）人员在请求应急救援支援前重要须知事项：

- 位置、地图坐标和地形。
- 故障状态。
- 战术态势。
- 是否可以开展战场损伤评估与修复工作。

- 是否已经开展了战场损伤评估与修复工作。
- 应急救援所需的修理用零部件。
- 备选的无线电频率。

二、应急救援人员

装备应急救援人员通常是受过严格训练的机械师，并且非常熟悉应急救援装备的机械功能。这些人员必须精通应急救援的技术，例如装备的索具、拖拽及扶正规程。他们也必须精通相关任务，例如在指定装备上使用专业的基本发放件，以及在战术环境下操作。装备应急救援人员通常被任命到连级维修队和维修排的应急救援支援班。参与应急救援操作的人员必须进行训练，检查和清理或解除支持装备的武器系统武装。部队标准操作规程中应包含受污染装备的报废、应急预案和任何顾及战术及安全方面的特殊规程。

当无需参与应急救援任务时，应急救援人员作为机械师执行修理任务。以下是应急救援人员重要须知事项：

- 焊接用氧气罐和乙炔罐的操作。
- 切割火焰。
- 0.5 口径机械焊枪。
- 通信（无线电和手势信号）。
- 地图定位、指南针的使用和全球定位系统。
- 化学药剂。

实施修理或应急救援的人必须有应急救援操作计划。部队标准操作规程将包含详细的清单，以做好协助现场支援的准备工作。准备工作应包括：

- 确定故障装备的位置和状态。
- 更新最新的战斗形势。
- 选择主要路线和备选路线。
- 通信的可用性，包括通信检查、可采用的呼叫信号及主要和备选频率。

- 个人的服装和装备，重点强调化学、生物、放射性物质和核装备。
- 军需和弹药的基本补给，以支持24小时连续操作。
- 选择适合任务所需的支持装备、车辆及人员。

应急救援小组需要加强通信设备及其他涉密物资的管理，这有助于提高安全性，减小风险。

三、指挥人员

排长和排军士长负责协调应急救援故障装备所需的资产及人力。该工作要与任务同步进行，如果应急救援任务干涉了战斗任务或以任何方式危害了安全，那么必须与战场指挥人员进行协调。

指挥人员也应接受与维修人员一样的战术程序训练，以便他们能定期检查索具及用于恰当连接和调整的装备（当使用桥梁或地下通道时，必须特别注意重量和空间限制）。下面是指挥人员在监督或请求应急救援支援前应该确定的一系列内容：

- 装备标识。
- 备选的无线电频率。
- 位置（如可能，地图坐标）。
- 备用路线（如可能）。
- 故障车辆的状况。
- 现场抢修能力。
- 所需修理用零部件。
- 建制部队抢修能力。
- 战术形势、安保要求及风险等级。
- 货物、道路和机动限制。

应急救援处理人员和指挥人员必须注意新情况和要求的变化。连续有效的应急救援需要制订计划，做好前期准备。

特定的指挥人员、机械师和操作人员的战场损伤评估与修复训练应包含如下内容：

- 集群装备。
- 悬挂系统（短的履带）。
- 电气系统（分路部件、电线修理）。
- 冷却系统（散热器分路和修理）。
- 燃料系统（补孔、更换或制作线路部分）。
- 液压/油系统（修理高压管线、修理油管线）。
- 轮胎和履带维修。
- 风险评估程序。
- 战场损伤评估与修复评估程序。
- 熟悉战场损伤评估与修复技术手册。
- 熟悉战场损伤评估与修复工具箱。

参考文献

[1] United States Department of Defense. DoDI 3020. 41, Operational Contract Support [M], Washington, D. C.: Government Printing Office, 2018.

[2] United States Department of Defense. DoDI 3020. 50, Private Security Contractors Operating in Contingency Operations, Humanitarian or Peace Operations, or Other Military Operations or Exercises [M], Washington, D. C.: Government Printing Office, 2018.

[3] United States Department of Defense. DoDI 4140. 01, DoD Supply Chain Materiel Management Policy [M], Washington, D. C.: Government Printing Office, 2019.

[4] United States Department of Defense, DoDM 4140. 01, VOLUME 3, DoD Supply Chain Materiel Management Policy [M], Washington, D. C.: Government Printing Office, 2019.

[5] United States Department ofDefense, DoDM 4140. 01, VOLUME 7, DoD Supply Chain Materiel Management Procedures: Supporting Technologies [M], Washington, D. C.: Government Printing Office, 2019.

[6] United States Department of Defense, DoDI 4151. 22, Condition – Based Maintenance plus for Materiel Maintenance [M], Washington, D. C.: Government Printing Office, 2020.

[7] United States Department of Defense, DoDM 4151. 22M, Reliability Centered Maintenance [M], Washington, D. C.: Government Printing Office, 2018.

[8] United States Department of Defense, DoDD 5000. 71, Reliability Centered Maintenance [M], Washington, D. C.: Government Printing Office, 2020.

[9] United States Department of Defense, DoDI 3110. 06, Maintenance of Military Materiel [M], Washington, D. C.: Government Printing Office, 2018.

[10] United States Department of Defense, DoDI 4151. 22, Condition – based Maintenance Plus for Materiel Maintenance [M], Washington, D. C.: Government Printing Office, 2020.

[11] United States Department of Defense, DoDD 5000. 01, The Defense Acquisition System [M], Washington, D. C.: Government Printing Office, 2018.

[12] United States Department of Defense, DoDI 5000. 02, Operation of the Defense Acquisition System [M], Washington, D. C.: Government Printing Office, 2018.

[13] Department of the Army, ADP 4. 0 Sustainment [M], Washington, D. C.: Government Printing Office, 2019.

[14] Department of Army, ADRP 4. 0, Sustainment [M], Washington, D. C.: Government Printing Office, 2012.

[15] Department of Army, AR 700 – 4, Logistic Assistance [M], Washington, D. C.: Government Printing Office, 2017.

[16] Department of Army, AR 700 – 139, Army Warranty Program [M], Washington, D. C.: Government Printing Office, 2015.

[17] Department of Army, AR 690 – 11, Department of the army expeditionary civilian workforce and civilian deployments, in support of military contingency and emergency operations [M], Washington, D. C.: Government Printing Office, 2019.

[18] Department of Army, ATP 4 – 94, Theater Sustainment Command [M], Washington, D. C.: Government Printing Office, 2013.

[19] Department of Army, ATP 4 – 90, Brigade Support Battalion [M], Washington, D. C. : Government Printing Office, 2020.

[20] Department of Army, ATP 4 – 98, Army Field Support Brigade [M], Washington, D. C. : Government Printing Office, 2021.

[21] Department of Army, ATP 4 – 93, Sustainment Brigade [M], Washington, D. C. : Government Printing Office, 2016.

[22] Department of Army, AR 715 – 9, Operational Contract Support Planning and Management [M], Washington, D. C. : Government Printing Office, 2017.

[23] Department of Army, AR 702 – 11, Army Quality Program [M], Washington, D. C. : Government Printing Office, 2018.

[24] Department of Army, AR 711 – 7, supply chain management [M], Washington, D. C. : Government Printing Office, 2007.

[25] Department of Army, FM 4 – 01, Army Transportation Operations [M], Washington, D. C. : Government Printing Office, 2014.

[26] Department of Army, FM 3 – 96, Brigade Combat Team [M], Washington, D. C. : Government Printing Office, 2021.

[27] Department of Army, FM 3 – 94, Theater Army Corps and Division Operations [M], Washington, D. C. : Government Printing Office, 2014.

[28] Department of Army, FM 4 – 30, Ordnance Operations [M], Washington, D. C. : Government Printing Office, 2014.

[29] Department of Army, FM 3 – 0, Operations [M], Washington, D. C. : Government Printing Office, 2017.

[30] Department of Army, FM 3 – 01, U. S. Army Air and Missile Defense Operations [M], Washington, D. C. : Government Printing Office, 2020.

[31] Department of Army, FM 4 – 40, Quartermaster Operations [M], Washington, D. C. : Government Printing Office, 2013.

[32] Department of Army, FM 5 – 103, Survivability On The Battlefield [M], Washington, D. C.: Government Printing Office, 1985.

[33] Department of Army, AR 700 – 18, Provisioning of U. S. Army Equipment [M]. Washington, D. C.: Government Printing Office, 2020.

[34] Department of Army, AR 710 – 2, Supply Policy Below the National Level [M], Washington, D. C.: Government Printing Office, 2020.

[35] Department of Army, AR 700 – 142, Type Classification, Materiel Release, Fielding, and Transfer [M], Washington, D. C.: Government Printing Office, 2020.

[36] Department of Army, ATP 4 – 42. 2, Supply Support Activity Operations, Washington, D. C.: Government Printing Office, 2014.

[37] Department of Army, DA Pam 750 – 3, Soldiers' Guide for Field Maintenance Operations [M], Washington, D. C.: Government Printing Office, 2013.

[38] Department of Army, AR 750 – 1, Army Materiel Maintenance Policy [M], Washington, D. C.: Government Printing Office, 2019.

[39] Department of Army, AR 700 – 138, Army Logistics Readiness and Sustainability [M], Washington, D. C.: Government Printing Office, 2018.

[40] Department of Army, ATP 4 – 33, Maintenance Operations [M], Washington, D. C.: Government Printing Office, 2019.

[41] Department of Army, TC 3 – 04. 7, Army Aviation Maintenance [M], Washington, D. C.: Government Printing Office, 2017.

[42] Department of Army, TC 4 – 93. 2, Expeditionary Sustainment Command, Date Phase iii, Command Post Exercise – Functional [M], Washington, D. C.: Government Printing Office, 2017.

[43] Department of Army, TM 9 – 2320 – 356 – BD, Battlefield Damage Assessment and Repair for Tactical Wheeledvehicles [M],

Washington, D. C. : Government Printing Office, 1989.

[44] Department of Army, TM 9 – 2350 – 273 – BD, Battlefield Damage Assessment and Repair for M48_ M60 Series Tank [M], Washington, D. C. : Government Printing Office, 1984.

[45] Department of Army, TM 9 – 2350 – 276 – BD, Battlefield Damage Assessment and Repair for Combat Vehicle [M], Washington, D. C. : Government Printing Office, 1984.

[46] Department of Army, TM 9 – 2320 – 280 – 24P – 1, Truck (15 models) Operator, base level, Direct support level and General Support level maintenance manual (with list of spare parts and special tools) [M], Washington, D. C. : Government Printing Office, 2014.

[47] Department of Army, TM 10 – 8465 – 236 – 24&P, Field and Sustainment Maintenance Manual Including Repair Parts and Special Tools List for Modular Lightweight Load – Carrying Equipment (Molle) [M], Washington, D. C. : Government Printing Office, 2014.

[48] Department of Army, TM 4 – 48. 08, Airdrop of Supplies and Equipment Rigging Military Utility Vehicles [M], Washington, D. C. : Government Printing Office, 2016.

[49] Department of Army, TM 11 – 5820 – 1049 – 12, Operator's and Aviation Unit Maintenance Manual for Radio Set an/prc – 90 – 2 (nsn 5820 – 01 – 238 – 6603) (this item is includedon em 0173) [M], Washington, D. C. : Government Printing Office, 1990.

[50] Department of Army, TM 5 – 692 – 2, Maintenance Of Mechanical And Electrical Equipment At Command, Control, Communications, Computers, Intelligence, Surveillance, And Reconnaissance (C4ISR) Facilities [M], Washington, D. C. : Government Printing Office, 2005.

[51] Department of Army, TM 5 – 698 – 2, Reliability – Centered Maintenance (RCM) For Command, Control, Communications, Computer, Intelligence, Surveillance, And Reconnaissance (C4ISR) Facilities

[M], Washington, D. C.: Government Printing Office, 2006.

[52] Department of Army, TB 9 - 2320 - 280 - 35 - 10, Technical Bulletin Installation Instructions for Retransmission Vehicle Amteh Top for Systems Single Channel Ground and Airborne Radio System (sincgars) an/vrc - 88f, an/vrc - 90f [M], Washington, D. C.: Government Printing Office, 2006.

[53] Department of Army, TB 9 - 2610 - 200 - 34 - 1, Pre - Award Inspector's Guide for Retreading and Repairing of Pneumatic tires [M], Washington, D. C.: Government Printing Office, 2014.

[54] Department of Army, TB 11 - 5820 - 1290 - 23, Technical Bulletin for Field Installation for Single Sincgars and Eplrs in the M998, M1037, M1038, M1042, and M1097 Two and Four Door High Mobility Multi - Purpose Wheeled Vehicle (hmmwv) [M], Washington, D. C.: Government Printing Office, 2016.

[55] Department of Army, STP 1 - 68B13 - SM - TG, Soldier's Manual, Skill Levels 1/2/3 and Trainer's Guide, MOS 68B, Aircraft Power Plant Repairer [M], Washington, D. C.: Government Printing Office, 1991.

[56] Department of Army, STP 9 - 91A14 - SM - TG, Soldier's Manual and Trainer's Guide for M1 Abrams Tank System Maintainer MOS 91A Skill Levels sl1/sl3/sl4 [M], Washington, D. C.: Government Printing Office, 2018.

[57] Department of Army, STP 9 - 91B13 - SM - TG, Soldiers Manual and Trainers Guide MOS 91B Wheeled Vehicle Mechanic Skills Levles 1 and 3 [M], Washington, D. C.: Government Printing Office, 2015.

[58] Department of Army, STP 9 - 91H14 - SM - TG, Soldier's Manual and Training Guide MOS 91H Tracked Vehicle Repairer Skill Levels 1, 2, 3, 4 [M], Washington, D. C.: Government Printing Office, 2016.

[59] Department of Army, STP 9 – 91H14 – SM – TG, Soldier's Manual and Training Guide MOS 91H Tracked Vehicle Repairer Skill Levels 1, 2, 3, 4 [M], Washington, D. C.: Government Printing Office, 2016.

[60] Department of Army, STP 9 – 91M14 – SM – TG, Soldier's Manual and Training Guide for Bradley Fighting Vehicle Systems Maintainer MOS 91M Skill Level sl1/sl3/sl4 [M], Washington, D. C.: Government Printing Office, 2018.

[61] Department of Army, STP 9 – 91M14 – SM – TG, Soldier's Manual and Trainer's Guide for the Radio Equipment Repairer, MOS 94E, skill levels 1, 2, and 3 [M], Washington, D. C.: Government Printing Office, 2020.

[62] Department of Army, STP 9 – 94K13 – SM – TG, Soldier's Manual and Trainer's Guide, MOS 94K, Apache Attack Helicopter Systems Repairer, Skill Levels 1, 2, and 3 [M], Washington, D. C.: Government Printing Office, 2007.

[63] Department of Army, STP 9 – 94M13 – SM – TG, Soldier's Manual and Trainer's Guide, MOS 94M, Skill Levels 1 – 3 [M], Washington, D. C.: Government Printing Office, 2009.

[64] Department of Army, STP 9 – 94R13 – SM – TG, soldier's manual and trainer's guide for the mos 94r, avionics and survivability equipment repairer, skill levels 1, 2, and 3 [M], Washington, D. C.: Government Printing Office, 2020.

[65] Office of the Assistant Secretary of Defense (Logistics and Materiel Readiness). DoD Maintenance 2015 Fact Book. DoD Maintenance Symposium& Exhibition, November 17 – 19, 2015.

[66] James L. Hodge: The Army's Functional Concept for Sustainment, Army Sustainment 3 ~ 4, 2011.